KUWASHII

ENGLISH

くわしい
中3英語

金谷憲　編著

文英堂

本書の特色と使い方

圧倒的な「くわしさ」で, 考える力が身につく

本書は, 豊富な情報量を, わかりやすい文章でまとめています。丸暗記ではなく, しっかりと理解しながら学習を進められるので, 知識がより深まります。

本文

学習しやすいよう, 見開き構成にしています。重要用語や大事なことがらには色をつけているので, 要点がおさえられます。また, 豊富な図や写真でしっかりと理解することができます。

基本例文

この単元で学ぶ英語表現が, **実際の場面ではどのように使われるか**を示しています。各章扉のQRコードから, 英語音声もチェックしておきましょう。

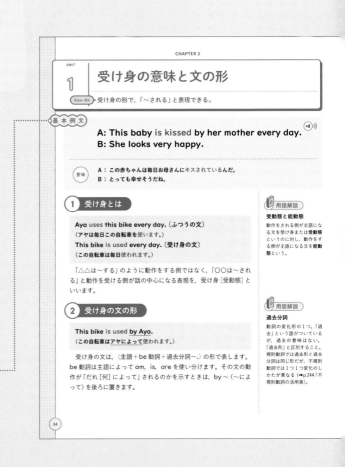

CHAPTER 2

UNIT 1 受け身の意味と文の形

Con-Do 受け身の形で, 「〜される」と表現できる。

基本例文

A: This baby is kissed by her mother every day.
B: She looks very happy.

意味
A: この赤ちゃんは毎日お母さんにキスされているんだ。
B: とっても幸せそうだね。

1 受け身とは

Aya uses this bike every day.〔ふつうの文〕
(アヤは毎日この自転車を使います。)
This bike is used every day.〔受け身の文〕
(この自転車は毎日使われます。)

「△△は〜する」のように動作をする側ではなく, 「〇〇は〜される」と動作を受ける側が話の中心になる表現を, 受け身[受動態]といいます。

2 受け身の文の形

This bike is used by Aya.
(この自転車はアヤによって使われます。)

受け身の文は, 〔主語＋be動詞＋過去分詞〜.〕の形で表します。be動詞は主語によって am, is, are を使い分けます。その文の動作が「だれ[何]によって」されるのかを示すときは, by〜(〜によって)を後ろに置きます。

用語解説
受動態と能動態
動作をされる側が主語になる文を受け身または受動態というのに対し, 動作をする側が主語になる文を能動態という。

用語解説
過去分詞
動詞の変化形の1つ。「過去」という語がついているが, 過去の意味はない。「過去形」と区別すること。規則動詞では過去形と過去分詞は同じだが, 不規則動詞では1つ1つ変化のしかたが異なる (→p.244「不規則動詞の活用表」)。

34

章の整理

各章の学習内容のまとめです。**例文＆ひとこと解説**で, この章で学んだことをふり返り, 頭の中を整理しましょう。

あるある誤答ランキング

中学校の先生方がテストなどで実際に見かける, "ありがちなまちがい"を紹介しています。**まちがい防止**に役立てましょう。

HOW TO USE

くーくん

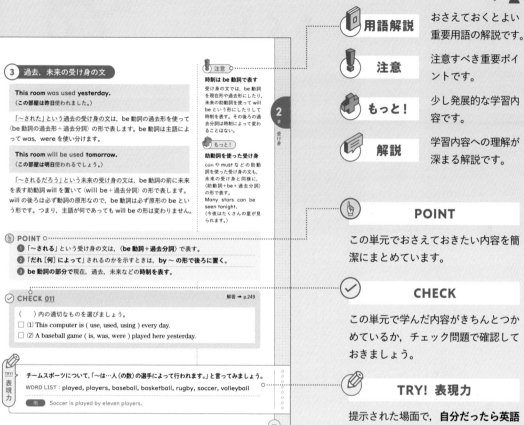

用語解説　おさえておくとよい重要用語の解説です。

注意　注意すべき重要ポイントです。

もっと！　少し発展的な学習内容です。

解説　学習内容への理解が深まる解説です。

POINT

この単元でおさえておきたい内容を簡潔にまとめています。

CHECK

この単元で学んだ内容がきちんとつかめているか、チェック問題で確認しておきましょう。

TRY! 表現力

提示された場面で、**自分だったら英語でどのように言うか**考え、学習した内容を使って表現してみましょう。

定期テスト対策問題

現役の中学校の先生方が作った、定期テストの対策問題です。テスト前に取り組んで、知識が身についているかを確かめましょう。

入試問題にチャレンジ

巻末には、実際の入試問題を掲載しています。中3英語の**総仕上げ**として、挑戦してみましょう。

もくじ
CONTENTS

🔊 音声の再生方法について

HOW TO PLAY SOUNDS

各章，各 UNIT の最初に掲載された「基本例文」（ 🔊 マークがついています）は，
以下の3つの方法で，ネイティブ・スピーカーによる英語音声を聞くことができます。

TYPE 1 スマートフォン・タブレットで手軽に再生!

各章の扉に掲載された **QR コード**をお手持ちの**スマートフォン**などで読みとり，表示される URL にアクセスすると，メニュー画面が表示されます。聞きたい音声の ▶ ボタンをタップして，再生を開始してください。
第 14 章「会話表現」では，それぞれのタイトル部分に掲載された **QR コード**を読みとって，該当ページだけの英語音声を聞くこともできます。

TYPE 2 無料リスニングアプリで便利に再生!

音声再生用無料アプリ「**シグマプレーヤー2**」を使えば，音声を一括ダウンロードできます。音声は「はやい」「ふつう」「ゆっくり」の3段階の速度で再生可能です。

リスニングアプリ(音声再生用)　　**SigmaPlayer2**

無料アプリで文英堂の参考書・問題集の音声を聞くことができます。音声の速度を3段階に調整できます。
App Store，Google Play で「シグマプレーヤー」を検索!

● 通信料は別途必要です。動作環境は弊社ホームページをご覧ください。● App Store は Apple Inc. のサービスマークです。● Google Play は Google Inc. の商標です。

TYPE 3 パソコンでも再生できる!

文英堂 Web サイトから，MP3 ファイルを一括ダウンロードできますので，スマートフォンやタブレットがなくても，パソコンで音声を聞くことができます。

文英堂 Web サイト　　**www.bun-eido.co.jp**

● 音声およびアプリは無料でご利用いただけますが，通信料金はお客様のご負担となります。● すべての機器での動作を保証するものではありません。● やむを得ずサービス内容に変更が生じる場合があります。● QR コードは㈱デンソーウェーブの登録商標です。

くわしい!

KUWASHII

ENGLISH

中3
英語

1章

1・2年の復習

基本例文
の音声はこちらから

001

それぞれの英語表現が,
実際の場面ではどのよ
うに使われるのかチェ
ックしておこう!

UNIT 1 be 動詞の文

Can-Do ▶ be 動詞の文を使って，まわりの人やものについて説明することができる。

基本例文

A: Who is that tall boy?
B: He is my best friend Satoshi.

意味　A：あの背の高い男の子はだれですか。
　　　B：彼はぼくの親友のサトシです。

1 be 動詞（is, am, are）の役割

We are junior high school students.（私たちは中学生です。）
　　　└─ =（イコール）─┘
Janet is in the classroom.（ジャネットは教室にいます。）
　　　　　└場所を表す語句

be 動詞には，「A は B です」と A（主語）と B（説明する語）をイコールでつなげる役割と，「A は〜にあります［います］」と主語がどこにある［いる］のか所在［場所］を説明する役割があります。

2 be 動詞の種類と使い分け

人称	主語	現在形	過去形
1	〈単数〉I	am	was
	〈複数〉we	are	were
2	〈単数・複数とも〉you	are	were
3	〈単数〉he, she, it, Tom など	is	was
	〈複数〉they, Tom and Aya など	are	were

be 動詞は，主語の種類と時制によって使い分けます。

 用語解説

be 動詞

be 動詞は主語や時制によって形が変化するが，原形（もとの形）は be という形なので「be 動詞」と呼ばれる。

 注意

〈主語＋be 動詞〉の短縮形

I am =	I'm
we are =	we're
you are =	you're
he is =	he's
she is =	she's
it is =	it's
they are =	they're

現在形と過去形があるよ！

③ be 動詞の否定文

> **She is not Meg's mother.** （彼女はメグの母親ではありません。）

否定文は, be 動詞のあとに not を置き, 〈主語＋be 動詞＋not 〜.〉の形にします。

④ be 動詞の疑問文と答え方

> **Were they at home at ten?** （彼らは10時に家にいましたか。）
> **— Yes, they were.** （はい, いました。）

疑問文は, be 動詞を主語の前に出し, 〈be 動詞＋主語〜?〉の形にします。また, 答えるときも be 動詞を使って答えます。

注意

〈be 動詞＋not〉の短縮形

is not ＝ isn't
are not ＝ aren't
was not ＝ wasn't
were not ＝ weren't
※ am not には短縮形はない。

POINT

❶ be 動詞は主語の種類と時制によって使い分ける。

❷ be 動詞の否定文は, be 動詞のあとに not を置く。

❸ be 動詞の疑問文は, be 動詞を主語の前に出す。答えるときも be 動詞を使う。

✓ CHECK 001

解答 ➡ p.248

（　　）内の適切なものを選びましょう。

☐ ⑴ Yui and Lisa (is, am, are) good friends.

☐ ⑵ They (are, was, were) in New York last week.

TRY!
表現力

離れたところに犬がいます。その犬について, 「あの犬は〜です。」と言ってみましょう。

WORD LIST : big, small, cute, white, black, brown, very

例　That dog is very big.

UNIT
2

一般動詞の文

Can-Do ▶ 一般動詞の文を使って，状態や動作の説明ができる。

基本例文

A: Do you study English every day?
B: Yes, I do. But I didn't study it yesterday.

意味
A ： あなたは毎日英語を勉強するの？
B ： うん，するよ。でも，昨日は勉強しなかったよ。

1 一般動詞の時制と形

I play soccer every day. （私は毎日サッカーをします。）

Tom plays soccer every day. （トムは毎日サッカーをします。）
└ 主語が3人称単数で現在の文→動詞にsがつく

現在の文では，主語が3人称で単数のとき，動詞の語尾にsまたはesをつけます。

I played soccer yesterday. （私は昨日サッカーをしました。）
└ play は規則動詞→ ed をつけて過去形に
I saw Ted yesterday. （私は昨日テッドを見ました。）
└ see は不規則動詞→過去形は不規則に変化

過去の文では，主語にかかわらず動詞は同じ過去形です。一般動詞には，規則的に変化して過去形を作る規則動詞と，不規則に変化する不規則動詞があります。

2 一般動詞の否定文

My father does not watch TV after dinner.
（私の父は夕食後にテレビを見ません。）
I did not watch TV last night.
（私は昨夜テレビを見ませんでした。）

 用語解説

一般動詞

be 動詞以外のすべての動詞のことで，人やものの動作や状態を表す。一般動詞にはさまざまな語があり，1つ1つ意味が異なる。

注意

s, es のつけ方
●ふつう
come → comes
●語尾が s, sh, ch, o, x
go → goes
●語尾が〈子音字＋y〉
study → studies
●不規則変化
have → has

 注意

短縮形
do not → don't
does not → doesn't
did not → didn't

一般動詞の否定文は，現在の文では主語が I，you，複数なら動詞の前に **do not**，主語が 3 人称単数なら動詞の前に **does not**，過去の文では動詞の前に **did not** を置き，後ろの動詞は原形にします。

注意

規則動詞の ed のつけ方

● ふつう
　help → help**ed**
● 語尾が e
　use → use**d**
● 語尾が〈子音字＋y〉
　study → stud**ied**
● 語尾が〈短母音＋子音字〉
　stop → stop**ped**

③ 一般動詞の疑問文と答え方

Do you know his name? （あなたは彼の名前を知っていますか。）
— **Yes, I do.** （はい，知っています。）
Did you study last night? （あなたは昨夜勉強しましたか。）
— **No, I didn't.** （いいえ，しませんでした。）

一般動詞の疑問文は，現在の文では主語が I，you，複数なら主語の前に **Do**，主語が 3 人称単数なら主語の前に **Does**，過去の文では主語の前に **Did** を置き，後ろの動詞は原形にします。答えるときにも do，does，did を使います。

POINT

❶ 主語が 3 人称単数で現在の文では，一般動詞に **s** または **es** をつける。

❷ 一般動詞は過去形への変化のしかたで**規則動詞**と**不規則動詞**に分けられる。

❸ 一般動詞の否定文や疑問文では，主語や時制によって **do，does，did** を使い分け，後ろの動詞は原形にする。

CHECK 002

解答 → p.248

（　　）内の適切なものを選びましょう。

☐ (1) My sister (play, plays, playing) tennis every day.
☐ (2) (Do, Does, Did) your father come home late last night?

TRY!
表現力

自分が昨日何をしたか，一般動詞を使って言ってみましょう。

WORD LIST : studied, played, watched, saw, ate, yesterday, last

例　I studied English in my room yesterday.

UNIT 3 進行形

Can-Do ▶ 進行形を使って，進行中の動作やできごとについて説明できる。

基本例文

A: Were you studying at 8:00 last night?
B: Yes, I was. But Nick was sleeping.

意味
A：きみは昨夜の8時に勉強していたの？
B：うん，していたよ。でも，ニックは寝ていたよ。

1 進行形の文の役割

My father cooks dinner every night.
└─現在形
（私の父は毎晩，夕食を作ります。）

My father is cooking dinner now.
└─現在進行形
（私の父は今，夕食を作っています。）

現在形や過去形が習慣や事実を表すのに対し，進行形はその瞬間に動作が進行していることを表します。

2 現在進行形と過去進行形の形

Yoshi is playing the guitar now.
└─〈is＋動詞の ing 形〉＝現在進行形
（ヨシは今，ギターを弾いています。）

They are dancing on the stage.
└─〈are＋動詞の ing 形〉＝現在進行形
（彼らはステージで踊っています。）

I was studying in my room at that time.
└─〈was＋動詞の ing 形〉＝過去進行形
（私はそのとき，部屋で勉強していました。）

注意

進行形にならない動詞

動作ではなく**状態**を表す動詞は，ふつう進行形にしない。
例：like（好きである）
　　have（持っている）
　　see（見える）
　　hear（聞こえる）
　　　　　　　　　　　　など

注意

ing 形の作り方

● ふつう
read → reading
● 語尾が e
use → using
● 語尾が〈短母音＋子音字〉
run → running
● 語尾が ie
lie → lying

進行形は，〈be動詞＋動詞のing形〉で表します。現在進行形では be動詞は am，is，are を使い分け，過去進行形では be動詞は was，were を使い分けます。

③ 進行形の否定文・疑問文

Ken was not swimming in the pool then.
└ 否定文は be動詞の後ろに not を置く
（ケンはそのとき，プールで泳いでいませんでした。）

進行形の否定文は，〈be動詞＋not＋動詞の ing形〉の形にします。

Is your mother working now? — Yes, she is.
└ 疑問文は be動詞を主語の前に出す
（あなたのお母さんは今，働いているのですか。 —はい，そうです。）

進行形の疑問文は，〈be動詞＋主語＋動詞の ing形〜?〉の形にします。答えるときも be動詞を使います。

> **注意**
>
> **be動詞の文と同じ**
>
> 進行形の否定文と疑問文の作り方は，be動詞の文の否定文と疑問文の作り方（→p.13）と同じ。

👆 POINT

❶ 進行形は，その瞬間に**動作が進行中**であることを表す。

❷ 進行形は〈**be動詞＋動詞の ing形**〉の形で，**be動詞は主語や時制によって使い分ける。**

❸ 進行形の否定文・疑問文の作り方は，**be動詞**の文と同じ。

✓ CHECK 003

解答 → p.248

次の文を進行形になおして書きましょう。

☐ (1) We study English every day. → We (　　　　　　　　　　) English now.

☐ (2) Miki played the piano yesterday. → Miki (　　　　　　　　) the piano then.

TRY!
表現力

あなたの家族や友だちが今していることを，現在進行形を使って表現しましょう。

WORD LIST : clean, cook, listen, play, run, sleep, study, watch

例 Mika is playing the piano.

UNIT

4 未来の文

Can-Do ▶be going to や will を使って，予定や意向について説明できる。

基本例文

A: Mai is going to come back to Japan today.
B: Really? Then I will call her tomorrow night.

意味
A ： 今日，マイが日本に帰ってくる予定だよ。
B ： 本当？　それじゃ，明日の夜に彼女に電話してみるわ。

1　未来を表す be going to

John is going to meet Emi at the station. 〈意志未来〉
（ジョンは駅でエミに会う予定です。）
It is going to rain soon. 〈単純未来〉
（もうすぐ雨が降るでしょう。）

〈be 動詞＋going to＋動詞の原形〉で未来を表すことができます。
否定文や疑問文の作り方は，ふつうの be 動詞の文と同じです。

2　未来を表す will

I will buy a new cellphone. 〈意志未来〉
（私は新しい携帯電話を買うつもりです。）
My mother will be busy tomorrow. 〈単純未来〉
（私の母は明日，忙しいでしょう。）

〈will＋動詞の原形〉でも未来を表すことができます。
　否定文や疑問文の作り方は，can などの助動詞の文と同じです。
否定文は will のあとに not を置き，疑問文は will を主語の前に出します。

📖 用語解説

意志未来・単純未来
「〜するつもりだ」という
意志を含む未来を『意志未
来』，「〜だろう」という話
し手の推測を表す単なる未
来を『単純未来』という。
どちらを表しているかは，
文脈によって判断する。

注意

will not の短縮形
will not の短縮形は won't
という形で，[wount ウォ
ウント] と発音する。

③ be going to と will のちがい

① 『意志未来』の場合

I'm going to call him this evening.

（私は今晩，彼に電話する予定です。）

→ be going to は，前から決めていた予定を表すときに使います。

I'll call him later. （あとで彼に電話します。）

→ will は，話しているその場で決めた自分の意志を表します。

② 『単純未来』の場合

It's going to be rainy tonight. （今夜は雨もようでしょう。）

→ be going to は，現在の状況から推測できる，すぐに起こるであろう未来の予測を表します。

He will be 15 next month. （彼は来月で15歳になります。）

→ will は，話し手の意志に関係のない未来のできごとを表します。

もっと！

〈主語＋will〉の短縮形

意志未来で主語がⅠのとき，I'll（＝I will）という短縮形になることが多い。他に，次のような短縮形がある。

・you'll ＝ you will
・we'll ＝ we will
・he'll ＝ he will
・she'll ＝ she will
・it'll ＝ it will
・they'll ＝ they will

1 章

1・2年の復習

👆 POINT

❶ be going to や will を使って**未来**を表すことができる。

❸ be going to と will では，**使い方とニュアンスにちがいがある。**

✓ CHECK 004

解答 ➡ p.248

（　　　）内の適切なものを選びましょう。

☐ ⑴ He will (come, came, comes) to my house later.

☐ ⑵ I (will, am, be) going to visit Okinawa with my family.

TRY! 表現力

今日の夕食後の自分の予定を，言ってみましょう。

WORD LIST：read a magazine, study math, play a video game, play the piano

例　I'm going to read a magazine after dinner.

UNIT
5 | 命令文

Can-Do ▶ 命令文を使って，何かをするよう命じたり頼んだりできる。

基本例文

A: Wash your hands right now.
B: OK, Mom.

意味 | A：今すぐ手を洗いなさい。
B：わかったよ，母さん。

1 命令文の形と用法

<u>Come</u> home early. （早く家に帰って来なさい。）
└ 動詞の原形

相手に何かを指示するときに用いる文を命令文といいます。命令文の主語は常に話し手の相手（you）であるため省略し，動詞の原形で文を始めます。

<u>Be</u> kind to your friends. （友だちには親切にしなさい。）
└ be 動詞の原形

be 動詞を使って命令文を作るときは，be 動詞の原形である be で文を始めます。

2 please をつけた命令文

Please come to my house at seven.
（7 時に私の家に来てください。）
Stand up, please. （立ってください。）
└ コンマをつける

命令文の文頭や文末に please を置くと，少していねいな感じを相手に与えます。ただし，命令しているニュアンスには変わりありません。please を文末に置くときは，直前にコンマをつけます。

もっと！

命令文を使った慣用表現

形は命令文だが，慣用的に使われ，高圧的な印象を与えない表現もある。
Fasten your seatbelt.
（シートベルトをお締めください。）
Go ahead.
（〈お先に〉どうぞ。）
Have a seat.
（どうぞおかけになってください。）

please は，前につけても後ろにつけてもいいんだね！

!?

③ 否定の命令文

Don't swim in this river. （この川で泳いではいけません。）
└〈Don't＋動詞の原形〉
Don't be afraid. （恐れてはいけません。）

相手の行為を禁止する命令文は，ふつうの命令文の前に **Don't** をつけて，〈**Don't＋動詞の原形〜.**〉という形で表します。

④ Let's を使った表現

Let's go to the classroom. （教室に行きましょう。）
└〈Let's＋動詞の原形〉

命令文の前に **Let's** を置いて〈**Let's＋動詞の原形〜.**〉の形にすると，「〜しましょう。」と相手と自分が一緒に何かをすることを誘う表現になります。

be で始まる命令文は
Don't be〜.となるよ。

注意

Let's 〜. への答え方
【同意する場合】
・Yes, let's.
（はい，そうしましょう。）
・All right. （いいですよ。）
【断る場合】
・Sorry, but 〜.
（すみません，でも〜。）
・No, let's not.
（いいえ，よしましょう。）
断るときは，理由や代わりの提案を続けるのがふつう。

👆 POINT

❶ 命令文は，**動詞の原形**で文を始める。

❷ 否定の命令文は〈**Don't＋動詞の原形**〉で文を始める。

❸ 「〜しましょう」と相手を誘う文は，〈**Let's＋動詞の原形**〉で文を始める。

✓ CHECK 005

解答 ➡ p.248

（　　）内の適切なものを選びましょう。

☐ (1) (Don't, Not, No) play sports here.

☐ (2) (Do, Be, Is) quiet in this room.

TRY!
表現力

家族や友だちに指示を出す文を，命令文で言ってみましょう。

WORD LIST：clean, play, take, come, go, be, nice, quiet

例　Be quiet. I am studying.

6 | 疑問詞

Can-Do ▶ 疑問詞を使って，いろいろなものごとについてたずねることができる。

基本例文

A: When did you come to Japan?
B: Last summer.

意味
A：きみはいつ日本に来たの？
B：昨年の夏だよ。

1 疑問詞の種類

what, who, where などを疑問詞といいます。疑問詞には次のようなものがあります。

what	何，どんな	where	どこに［で］
which	どちら，どれ	when	いつ
who	だれ	why	なぜ
whose	だれの（もの）	how	どう，どのように

2 疑問詞を使った疑問文の形

When did you go to Okinawa?
　　　└疑問文の語順
（あなたはいつ沖縄に行きましたか。）
— (I went there) 3 years ago. （3年前です［に行きました］。）

疑問詞を使った疑問文では，疑問詞を文頭に置き，そのあとはふつうの疑問文の語順を続けます。答えるときは，Yes/No ではなく，聞かれている内容を文または語句などで答えます。

注意

Why ～ ? への答え方

Why で始まる疑問文に対しては，理由を答えるときは because を使って，目的を答えるときは〈to＋動詞の原形〉を使って答える。
Why were you absent yesterday?
（あなたはなぜ昨日欠席したのですか。）
— **Because** I was sick.
（具合が悪かったからです。）〈理由〉
— **To go** to the hospital.
（病院に行くためです。）〈目的〉

注意

疑問詞が主語の疑問文

疑問詞が主語の疑問文では，後ろは疑問文の語順ではなく肯定文と同じ語順になる。
Who wrote this letter?
（だれがこの手紙を書きましたか。）
— My younger sister did. (私の妹です。)

③ 〈疑問詞＋名詞〉で始まる疑問文

Whose bike **is this?** （これはだれの自転車ですか。）
— **It's my father's.** （私の父のものです。）

what, which, whose は, 後ろに名詞を続けることがあります。

④ 〈how＋形容詞［副詞］〉

〈how＋形容詞［副詞］〉には次のようなものがあります。

how many＋複数名詞	〈数〉いくつ
how much	〈値段, 量〉いくら
how old	〈年齢, 古さ〉何歳, どのくらい古い
how long	〈もの・時間の長さ〉どのくらい長い
how far	〈距離〉どのくらいの距離

もっと！

what と which

〈which＋名詞〉は**特定の選択肢の中から**「どの〜」とたずねるときに使い, 〈what＋名詞〉は**選択肢を指定せずに**「どんな〜」とたずねるときに使う。
Which sport do you like?
（どのスポーツが好きですか。）
What sport do you like?
（どんなスポーツが好きですか。）

👆 POINT

❶ 疑問詞は**文頭**に置き, そのあとにふつうの疑問文の語順が続く。

❷ 疑問詞が主語の疑問文では, **肯定文と同じ語順**になる。

❸ 〈**how**＋形容詞［副詞］〉にはさまざまな表現がある。

✓ CHECK <u>006</u>

解答 ➡ p.248

（　　）内の適切なものを選びましょう。

☐ (1) When (do you study, you studied, you are studying) at home?

☐ (2) Who (can you, I can, can) run the fastest?

TRY!
表現力

疑問詞を使って, 相手に昨日行った場所や会った人, したことなどをたずねる文を言ってみましょう。

WORD LIST : go, come, see, do, what, who, where, yesterday

例　Where did you go yesterday?

UNIT 7 | 助動詞

Can-Do 助動詞を使って，話し手の主観や判断を含めた表現をすることができる。

基本例文 🔊》

A: Can you sing this song well?
B: No, I can't. I must practice more.

意味
A：あなたはこの歌を上手に歌える？
B：いや，歌えないよ。もっと練習しなくちゃ。

1 助動詞の種類と用法

can	〜できる〈能力・可能〉，〜してよい〈許可〉
may	〜してよい〈許可〉，〜かもしれない〈推量〉
must	〜しなければならない〈義務〉，〜にちがいない〈推量〉
should	〜すべきだ〈義務・当然〉
will	〜だろう〈単純未来〉，〜するつもりだ〈意志未来〉

Kana can join the event. （カナはそのイベントに参加できます。）
I cannot run so fast. （私はそんなに速く走れません。）
Can you swim for 30 minutes? — No, I can't.
（あなたは30分間泳げますか。 —いいえ，泳げません。）

　助動詞は必ず動詞の原形とともに使います。否定文は助動詞の後ろに not を置きます。疑問文は助動詞を主語の前に出します。

2 助動詞と同じ内容を表す表現

Riku is able to train dogs. （リクは犬を訓練できます。）

　〈be 動詞＋able to＋動詞の原形〉は「〜できる」という〈能力・可能〉を表し，助動詞 can とほぼ同じ意味です。

用語解説

助動詞

助動詞は，動詞だけでは表せない意味を付け加える役目をする。

注意

〈助動詞＋not〉の短縮形

cannot =	can't
must not =	mustn't
should not =	shouldn't
will not =	won't

もっと！

will be able to
「〜できるだろう」を表すときは，未来を表す助動詞 will と be able to を使って〈will be able to＋動詞の原形〉の形で表す。

We have to go home now.
(私たちは今，家に帰らなければなりません。)

〈have [has] to＋動詞の原形〉は「〜しなければならない」という〈義務〉を表し，助動詞 must とほぼ同じ意味です。

③ 助動詞を使った表現

Will [Can] you pass me the pen?
(そのペンをとってくれますか。)
I would like some coffee. (コーヒーをいただきたいのですが。)

〈Will [Can] you 〜 ?〉で「〜してくれますか。」と〈依頼〉を表します。〈Would [Could] you 〜 ?〉とすると，よりていねいです。
would like は「〜がほしい」というていねいな言い方です。

 注意

must と have to の否定形

must の否定形 must not は「〜してはいけない」〈禁止〉を表すが，have to の否定形 don't have to は「〜する必要はない」〈不必要〉を表す。

🖐 POINT
❶ 助動詞は必ず**動詞の原形**とともに使う。
❷ 否定文では**助動詞の後ろに not** を置き，疑問文では**助動詞を主語の前に出す**。
❸ **be able to は can** と，**have [has] to は must** とほぼ同じ意味を表す。

✓ CHECK <u>007</u>

解答 → p.248

(　　) 内の適切なものを選びましょう。
- ☐ (1) You should (come, came, will come) to the party tomorrow.
- ☐ (2) You (must not, don't must, not must) go there.

TRY! 表現力

自分が「できる」ことを，自由に表現してみましょう。

WORD LIST : play, speak, swim, make, eat

例 I can speak English.

UNIT
8 名詞・数量の表し方

Can-Do ▶ 名詞の種類と数量の表し方を理解し，適切に表現できる。

基本例文

A: Mark is a new student from America.
B: I hope he will make a lot of friends in Japan.

意味
A : マークは，アメリカから来た新しい生徒なんだ。
B : 日本でたくさんの友だちができるといいね。

1 名詞の種類

名詞が表すものの種類は，次の5つに分類できます。

普通名詞	（人やものを表す語）	student, chair, bike など
集合名詞	（集合体を表す語）	people, family, class など
固有名詞	（人名・地名など）	Ted, France, Tokyo など
物質名詞	（一定の形のない物質）	water, air, snow など
抽象名詞	（抽象的なもの）	music, peace, danger など

このうち普通名詞と集合名詞は**数えられる名詞**（可算名詞），固有名詞，物質名詞，抽象名詞が**数えられない名詞**（不可算名詞）です。

2 数えられる名詞と数えられない名詞

Do you have a bike? （あなたは自転車を持っていますか。）
I have three sons. （私には息子が3人います。）

数えられる名詞は，1人［1つ］のときには**a**や**an**を語の前につけ，2人［2つ］以上のときには複数形にします。

Ted likes snow very much. （テッドは雪が大好きです。）

数えられない名詞は，**a**や**an**はつかず，複数形もありません。

 もっと！

集合名詞の特徴

class や family は1つの集合体として単数扱いをする場合と，個々のメンバーのことを表し複数扱いをする場合がある。また，複数形にもなる。
My **family** is large.
（私の家族は大家族です。）
My **family** are all well.
（私の家族はみな元気です。）
Two **families** live here.
（ここには2家族が住んでいます。）

注意

複数形の s，es のつけ方
●ふつう
book → book**s**
●語尾が s, sh, ch, x, o
dish → dish**es**
●語尾が〈子音字＋y〉
city → cit**ies**
●語尾が f, fe
knife → kni**ves**

③ 数や量を表す表現

	数	量
「たくさんの」	many, a lot of	much, a lot of
「少しの」	a few	a little
「いくらかの」	some	

many や a few は数えられる名詞の『数』を，much や a little は数えられない名詞の『量』を表すのに使います。a lot of や some は『数』と『量』のどちらにも使えます。

a cup of tea	「1杯の紅茶」
a glass of water	「コップ1杯の水」
a piece of bread	「1切れのパン」
a sheet of paper	「1枚の紙」

液体など数えられない名詞は，器や形，単位で『数』を表せます。

注意

few と little

a のつかない few, little は「ほとんど〜ない」「少ししか〜ない」と否定的な意味になる。

もっと!

器や単位を複数に

「1杯の紅茶」は a cup of tea だが，「2杯の紅茶」と言うときは，two **cups** of tea と器を表す語である cup を複数形にする。

POINT

❶ 名詞には5種類あり，**数えられる名詞**と**数えられない名詞**に分けられる。

❷ 数えられる名詞は，**2人［2つ］以上の場合は複数形**にする。

CHECK 008

解答 ➡ p.248

（　　）内の適切なものを選びましょう。

☐ (1) There is (a few, many, much) water in the cup.

☐ (2) I want (two waters, two glass of waters, two glasses of water).

TRY! 表現力

今自分のかばんの中に入っているものを言ってみましょう。

WORD LIST：book, pen, notebook, have, I

....

例　I have some pens in my bag.

UNIT
⑨ 代名詞

Can-Do ▶ 人称代名詞や指示代名詞などの役割を理解し，正しく使い分けできる。

基本例文

🔊))

A: Is this your bike?
B: No. It's my brother's. He bought it last week.

意味
A： これはきみの**自転車**？
B： いや。それはぼくの**兄さん**のだよ。彼はそれを**先週**買ったんだ。

1 人称代名詞

人称	数	意味	〜は［が］主格	〜の所有格	〜を［に］目的格	〜のもの所有代名詞
1	単	私	I	my	me	mine
	複	私たち	we	our	us	ours
2	単	あなた	you	your	you	yours
	複	あなたたち	you	your	you	yours
3	単	彼	he	his	him	his
		彼女	she	her	her	hers
		それ	it	its	it	—
	複	彼ら，それら	they	their	them	theirs

人称代名詞は文の中での働きによって使い分けるんだね。

My aunt bought me a nice bag yesterday.
（私のおばは昨日私にすてきなかばんを買ってくれました。）
I like it very much. （私はそれをとても気に入っています。）

　人称代名詞とは，特定の人やものを表す代名詞です。働きによって使い分けます。

② 指示代名詞

数	近くのもの	離れたもの
単数	this	that
複数	these	those

「これ」「あれら」など人，もの，ことがらをさし示す語を指示代名詞といいます。単数と複数で使い分けます。

③ something などの代名詞

Everything is ready. （すべて準備ができています。）

some, any, every, no の語尾に -thing, -one, -body をつけた形は代名詞で，すべて単数扱いです。

My bike is old, so I want a new one.
（私の自転車は古いです，だから新しい自転車がほしいです。）

代名詞 one は，すでに出た名詞のくり返しを避けるために使われます。

注意

〈-thing＋形容詞〉

形容詞が -thing などの代名詞を修飾するときは，形容詞を後ろに置く。
I want **something new.**
（私は**何か新しいもの**がほしいです。）

もっと！

one と it のちがい

one はばくぜんと同じ種類のもの（不特定のもの）をさすのに対し，it は同一のもの（特定のもの）をさす。
My bike is old, but I like **it.**
（私の自転車は古いです，でも私は**それ**が好きです。）

POINT

❶ 人称代名詞は，**働きによって使い分ける。**

❷ 指示代名詞は，**単数と複数で使い分ける。**

CHECK 009

解答 ➡ p.248

（　　）内の適切なものを選びましょう。
- ☐ ⑴ This is (we, our, us) English teacher.
- ☐ ⑵ (This, That, These) are my notebooks.

TRY!
表現力

次の文に続けて，自分の友だちを紹介してみましょう。　**This is my friend.**

WORD LIST：name, tall, kind, like music, go to school

例　His name is Tom. / He likes music. / I go to school with him.

10 比較

Can-Do ▶ 比較の形を使い，いろいろなものを比べる表現ができる。

基本例文

A: Sota is the tallest in our class.
B: Yes, and he is the best basketball player in our school.

意味
A ： ソウタはうちのクラスでいちばん背が高いね。
B ： うん，それに彼はうちの学校でいちばん上手なバスケットボール選手だよ。

1 原級・比較級・最上級

　人やものの状態，性質，程度などを比較する形容詞や副詞には，原級（もとの形），比較級（「より〜」の形），最上級（「いちばん〜」の形）があります。比較級・最上級の作り方は，次の3つに分けられます。

① 語尾に er, est をつける：多くの語
　　old – older – oldest, fast – faster – fastest
② 前に more, most をつける：比較的つづりの長い語など
　　difficult – more difficult – most difficult
③ 不規則に変化：特定の語
　　good – better – best, bad – worse – worst

2 比較級を使った文

Math is more interesting than science for me.
（私にとって数学は理科よりもおもしろいです。）
My father gets up earlier than my mother.
（私の父は私の母よりも早く起きます。）

〈A ...＋比較級＋than＋B.〉で「A は B よりも〜。」という意味を表します。

注意

er, est のつけ方

● ふつう
　tall – taller – tallest
● 語尾が e
　large – larger – largest
● 語尾が〈短母音＋子音字〉
　big – bigger – biggest
● 語尾が〈子音字＋y〉
　easy – easier – easiest

注意

more, most をつける語

左にある「比較的つづりの長い語など」とは，① -ful, -ous, -ing で終わる語（beautiful, famous など），②3音節以上の語（dif-fi-cult, pop-u-lar など），③ -ly で終わる副詞のこと。ただし，early（早く）は例外で，er, est をつけて比較級・最上級にする。

③ 最上級を使った文

Taku is the tallest of the three boys.
(タクはその3人の男の子たちの中でいちばん背が高いです。)

〈A ...＋the＋最上級＋of [in] __.〉で「Aは─の中でいちばん〜。」
という意味を表します。

④ 〈as＋原級＋as〉を使った文

Lisa is as tall as Tom. （リサはトムと同じくらいの身長です。）

〈A ...＋as＋原級＋as B.〉で「AはBと同じくらい〜。」という意味を表します。また，〈as＋原級＋as〉の否定文〈A ...＋not as＋原級＋as B.〉は，「AはBほど〜ない。」という意味です。

注意

of と in

最上級を使った文で「〜の中で」と言うとき，あとに同じ種類のもの（複数）を表す語句が来るときは of, 場所や範囲（単数）を表す語句がくるときは in を使う。

もっと！

like 〜 better [best]

better, best は like とともに使い，「〜よりも好き」「いちばん好き」という意味を表すことができる。
I **like** sushi **better** than hamburgers.
(私はハンバーガーよりも寿司が**好きです**。)
I **like** pizza the **best**.
(私はピザが**いちばん好きです**。)

POINT

❶ 〈A ...＋比較級＋than＋B.〉で「AはBよりも〜。」という意味を表す。

❷ 〈A ...＋the＋最上級＋of [in] __.〉で「Aは─の中でいちばん〜。」という意味を表す。

❸ 〈A ...＋as＋原級＋as B.〉で「AはBと同じくらい〜。」という意味を表す。

CHECK 010

解答 ➡ p.248

（　　）内の適切なものを選びましょう。

☐ (1) Bob's bike is (more big, bigger, biggest) than mine.

☐ (2) This is the (beautiful, more beautiful, most beautiful) flower of all.

TRY! 表現力

下のジャンルの中で，あなたにとっていちばんおもしろいと思うものを何か1つ考えて，「〜はいちばんおもしろい…です。」と表現してみましょう。

WORD LIST : books, movies, sports

例　Soccer is the most interesting sport for me.

あるある 誤答ランキング

中学校の先生方が,「あるある!」と思ってしまう,生徒たちのよくありがちな誤答例です。「自分は大丈夫?」としっかり確認して,まちがい防止に役立ててください。

第 **1** 位　**問題**　次の日本文を英語に直しなさい。
あなたは何のスポーツが好きですか。

What do you like s~~port~~?

あるある!

正しい英文:　**What sport do you like?**

What sport で「何のスポーツ」というひとまとまりの意味を表します。疑問詞の後ろに名詞を置く疑問文はたくさんあります。気を付けましょう。

第 **2** 位　**問題**　次の日本文を英語に直しなさい。
次の日曜日に京都を訪れる予定です。

~~I~~ going to visit Kyoto next Sunday.

あるある!

正しい英文:　**I'm going to visit Kyoto next Sunday.**

未来の予定を表す表現は be going to ～ です。be 動詞を落とさないようにしましょう。

第 **3** 位　**問題**　次の日本文を英語に直しなさい。
私は野球ができません。

I can't ~~baseball~~.

あるある!

正しい英文:　**I can't play baseball.**

can は「～することができる」という意味を持ちますが,can 自体は動詞ではありません。can[can't] の後ろに「～する」にあたる動詞が必要です。

KUWASHII

ENGLISH

中3英語

2章

受け身

基本例文
の音声はこちらから

002

それぞれの英語表現が，実際の場面ではどのように使われるのかチェックしておこう！

受け身の意味と文の形

UNIT 1

Can-Do ▶ 受け身の形で，「〜される」と表現できる。

基本例文

A: This baby is kissed by her mother every day.
B: She looks very happy.

意味

A：この赤ちゃんは毎日お母さんにキスされているんだ。
B：とっても幸せそうだね。

1 受け身とは

Aya uses this bike every day. 〔ふつうの文〕
（アヤは毎日この自転車を使います。）
This bike is used every day. 〔受け身の文〕
（この自転車は毎日使われます。）

　「△△は〜する」のように動作をする側ではなく，「○○は〜される」と動作を受ける側が話の中心になる表現を，受け身［受動態］といいます。

2 受け身の文の形

This bike is used by Aya.
（この自転車は<u>アヤによって</u>使われます。）

　受け身の文は，〈主語＋be 動詞＋過去分詞〜.〉の形で表します。be 動詞は主語によって am，is，are を使い分けます。その文の動作が「だれ［何］によって」されるのかを示すときは，by 〜（〜によって）を後ろに置きます。

用語解説

受動態と能動態

動作をされる側が主語になる文を受け身または**受動態**というのに対し，動作をする側が主語になる文を**能動態**という。

用語解説

過去分詞

動詞の変化形の１つ。「過去」という語がついているが，過去の意味はない。「過去形」と区別すること。規則動詞では過去形と過去分詞は同じ形だが，不規則動詞では１つ１つ変化のしかたが異なる（➡p.244「不規則動詞の活用表」）。

3 過去，未来の受け身の文

> **This room was used yesterday.**
> （この部屋は昨日使われました。）

「〜された」という過去の受け身の文は，be 動詞の過去形を使って〈be 動詞の過去形＋過去分詞〉の形で表します。be 動詞は主語によって was, were を使い分けます。

> **This room will be used tomorrow.**
> （この部屋は明日使われるでしょう。）

「〜されるだろう」という未来の受け身の文は，be 動詞の前に未来を表す助動詞 will を置いて〈will be＋過去分詞〉の形で表します。will の後ろは必ず動詞の原形なので，be 動詞は必ず原形の be という形です。つまり，主語が何であっても will be の形は変わりません。

注意

時制は be 動詞で表す

受け身の文では，be 動詞を現在形や過去形にしたり，未来の助動詞を使って will be という形にしたりして時制を表す。その後ろの過去分詞は時制によって変わることはない。

 もっと！

助動詞を使った受け身

can や must などの助動詞を使った受け身の文も，未来の受け身と同様に，〈助動詞＋be＋過去分詞〉の形で表す。
Many stars can be seen tonight.
（今夜はたくさんの星が見られます。）

POINT
1. 「〜される」という受け身の文は，〈**be 動詞＋過去分詞**〉で表す。
2. 「**だれ［何］によって**」されるのかを示すときは，**by 〜** の形で後ろに置く。
3. be 動詞の部分で現在，過去，未来などの**時制を表す**。

CHECK 011

解答 → p.249

（　）内の適切なものを選びましょう。
- ☐ (1) This computer is (use, used, using) every day.
- ☐ (2) A baseball game (is, was, were) played here yesterday.

TRY!
表現力

チームスポーツについて，「〜は…人（の数）の選手によって行われます。」と言ってみましょう。

WORD LIST : played, players, baseball, basketball, rugby, soccer, volleyball

> **例**　Soccer is played by eleven players.

UNIT

2 | 受け身の否定文 / 疑問文

Can-Do ▶ 受け身の形で，「～されません」「～されますか」と表現できる。

基本例文

A: Are the new computers used in this office?
B: Yes, but they are not used by everyone.

意味
A：その新しいコンピュータは，この事務所で使われているのですか。
B：はい，でもみんなに使われてはいません。

1 受け身の否定文

肯定文 （この自転車は昨日使われました。）

| This bike | was | / | used | yesterday. |

否定文 （この自転車は昨日使われませんでした。）

| This bike | was | not | used | yesterday. |

否定文や疑問文の作り方は be 動詞の文と同じだね。

「～されない」「～されなかった」という受け身の否定文は，be 動詞のあとに not を置きます。そのあとの過去分詞は，形も位置も変わりません。

2 受け身の疑問文と答え方

肯定文 （このマンガは多くの人に愛されています。）

| / | This *manga* | is | loved | by many people. |

疑問文 （このマンガは多くの人に愛されていますか。）

| Is | this *manga* | / | loved | by many people? |

「～されますか」「～されましたか」という受け身の疑問文は，be 動詞を主語の前に出します。

注意

助動詞を使った文の場合

will や can などの助動詞を含む文では，否定文は助動詞のあとに not を置き，疑問文は助動詞を主語の前に出す。

This room **will not be cleaned** tomorrow.
（この部屋は明日，そうじされないでしょう。）

Will this room **be cleaned** tomorrow?
（この部屋は明日，そうじされるでしょうか。）

Were those men invited to the party?
(あの男の人たちはそのパーティーに招待されたのですか。)
— **Yes, they were.** （はい，されました。）
　No, they were not. （いいえ，されませんでした。）

答えるときも be 動詞を使い，過去分詞以下は省略します。

③ 疑問詞のある受け身の疑問文

When was the temple built?
(そのお寺はいつ建てられたのですか。)
— **It was built 100 years ago.** （100年前に建てられました。）

what, where などの疑問詞があるときには，疑問詞を文のはじめに置き，そのあとはふつうの受け身の疑問文と同じ語順にします。また，答えの文にも受け身を使います。

「だれに？」
「だれに（よって）」とたずねる場合は，Who で文を始めて by を文末に置く。
Who were you invited **by**?
(あなたはだれに（よって）招待されたのですか。)

POINT
1 受け身の**否定文**は，**be 動詞のあとに not** を置く。
2 受け身の**疑問文**は，**be 動詞を主語の前**に出す。
3 疑問詞のある受け身の疑問文は，疑問詞を文のはじめに置き，受け身の疑問文の形を続ける。

CHECK 012

解答 → p.249

（　）内の適切なものを選びましょう。
□ (1) (Are, Is, Were) the classroom (used, using, use) every day?
□ (2) The shop (is not, does not, not be) closed on weekends.

TRY! 表現力
身のまわりのものについて，「この〜はどこで作られたのですか。」と言ってみましょう。
WORD LIST：made, bike, car, computer, dish, table, T-shirt
例　Where was this computer made?

UNIT 3 受け身の文が使われるとき

Can-Do ▶ 適切な場面で，受け身の形を使うことができる。

基本例文

This is a famous temple in Kyoto.
It was built about 800 years ago.

意味 **これは，京都にある有名なお寺です。**
約800年前に建てられたのですよ。

1 能動態と受動態

　英語には，能動態（ふつうの文）と受動態（受け身）があります。ただし，通常は能動態を使って表現する方が圧倒的に多いのです。逆に言うと，受け身の文を使うのは理由があるときです。

2 動作を受ける側に焦点をあてたいとき

Everyone likes Ms. Tanaka.
（みんな田中先生のことが好きです。）
Ms. Tanaka is liked by everyone.
（田中先生はみんなに好かれています。）

　上が能動態（ふつうの文）で下が受動態（受け身）です。どちらも同じ内容を表しますが，Ms. Tanaka（田中先生）に焦点をあてて表現したいときは，下の文のように Ms. Tanaka を主語にした受け身の文で表します。

3 動作をする側を省略する

　受け身の文は，動作を受ける側が主語になることで，動作をする側（by ～）を省略することができます。

もっと！

受け身の文は不自然？

日本語では，「これ，いただきものなんです。」などと主語をあいまいにしたまま表現することが多いため，日本人が英作文をする場合，受け身の文を多用しがちになると言われる。文法的にはまちがっていなくても，必要もなく受け身を使った英文は，ネイティブからすると不自然に感じられることが多くあるので注意が必要。
上にあげた，いただきもののような場合では，
Someone gave this to me. と能動態で言うほうがふつう。

In Canada, English and French are spoken.
（カナダでは英語とフランス語が話されています。）

　この例文では，冒頭に In Canada とあるので，動作をする側（話す人）はカナダ人であることは明らかです。このような場合，受け身の文で表し，動作をする側（by ～）は省略します。

The house was built in 1970.
（その家は1970年に建てられました。）

　この例文では，動作をする側（家を建てた人）ははっきりしません。また，はっきりさせる必要もありません。このような場合も受け身の文で表し，動作をする側（by ～）は省略します。

もっと！

主語が長い場合

日本語では長い主語もよく見られるが，英語ではあまり好まれない。能動態では主語（＝動作をする側）が長くなってしまう場合，受動態を用いて表し，動作をする側を by ～ の形で文の後ろに置くことがある。

☞ **POINT**

❶ 能動態と受動態（受け身）では，ふつう**能動態の方が多く使われる**。

❷ **動作を受ける側に焦点をあてたい場合に，受け身が使われる。**

❸ **動作をする側を明確にする必要がない場合は，by ～ は省略される。**

✓ **CHECK 013**

解答 ➡ p.249

（　　）内の語句を正しく並びかえましょう。

☐ (1) This singer (everyone / loved / is / by).

☐ (2) (in / spoken / Chinese / is) this country.

TRY! 表現力

ある国ついて，「この国では～語が使われます。」と言ってみましょう。

WORD LIST : spoken, Chinese, English, French, German, Spanish

例 Spanish is spoken in this country.

UNIT

4 注意すべき受け身の文

Can-Do ▶ by 以外の前置詞を使った受け身の形で表現できる。

基本例文

🔊))

A: I am **very** interested **in** this event.
B: Me, too. Will you go **with** me?

意味

A：私，このイベントにすごく興味があるわ。
B：ぼくもだよ。ぼくと一緒に行かない？

1 by 以外の前置詞を使う受け身の文

The top of Mt. Fuji is covered with snow.
（富士山の頂上は雪でおおわれています。）
The glass is filled with wine.
（そのグラスはワインでいっぱいです。）
Mother Teresa is known to everyone.
（マザーテレサはみんなに知られています。）

受け身の中には，動作の主体（動作を行う側）を表すのに by 以外の前置詞を使うものがあります。

be covered with ～	～でおおわれている
be filled with ～	～でいっぱいである［満たされている］
be known to ～	～に知られている
be made from ～	～から作られている
be made of ～	～でできている

2 感情を表す受け身の表現

　驚く，よろこぶ，失望する，満足するなどの感情は，外部要因によって生じるため，英語ではふつう受け身の形を使って表します。

注意

be made from ～ と be made of ～

「～から作られている」「～でできている」と言うとき，製品の材料が見てすぐわかるものの場合は **of**，わからないものの場合は **from** を使うのがふつう。

動詞によっては，by 以外の前置詞が使われることもあるよ。

> **Lisa is interested in Japanese *anime*.**
> (リサは日本のアニメに興味があります。)

ただ，英語の形は受け身でも，日本語にするときは多くの場合，「〜のような気持ちにさせられた」ではなく「〜のような気持ちになった」と能動的に表現したほうが自然なことが多いです。

be disappointed at 〜	〜にがっかりする
be interested in 〜	〜に興味がある
be pleased with 〜	〜に満足する
be shocked at 〜	〜にショックを受ける
be surprised at 〜	〜に驚く
be worried about 〜	〜が心配である

interested は形容詞?

interested, surprised など，左にある過去分詞のほとんどは，動詞の過去分詞ではなく形容詞として扱われることも多く，辞書にも形容詞として載っている場合が多い。

👆 POINT

① 受け身の中には，動作の主体を表すのに **by 以外の前置詞を使う**ものがある。

② 感情を表す受け身の文は，日本語で言うときは**「〜のような気持ちになった」と表現するほうが自然**なことが多い。

✓ CHECK <u>014</u>

解答 ➡ p.249

（　　）内の適切なものを選びましょう。

☐ (1) Wine is made (by, of, from) grapes.

☐ (2) I (was surprised at, was surprising at, was surprised of) the news.

TRY!
表現力

友だちについて，「〜はこの学校のみんなに知られています。」と言ってみましょう。

WORD LIST : known, this school

　例　Yuto is known to everyone in this school.

受け身

1 受け身の意味と文の形

This bike is used every day.

この自転車は毎日使われます。

● 「～される」という受け身の文は,〈be 動詞＋過去分詞〉で表す。

This bike is used by Aya.

この自転車はアヤによって使われます。

● 「だれ [何] によって」されるのかを示すときは,by～ の形で後ろに置く。

This room was used yesterday.

この部屋は昨日使われました。

● 「～された」という過去の受け身の文は,be 動詞の過去形を使って〈was [were] ＋過去分詞〉で表す。

This room will be used tomorrow.

この部屋は明日使われるでしょう。

● 「～されるだろう」という未来の受け身の文は,未来を表す助動詞 will と be 動詞の原形を使って〈will be ＋過去分詞〉で表す。

2 受け身の否定文 / 疑問文

This bike was not used yesterday.

この自転車は昨日使われませんでした。

● 受け身の否定文は,be 動詞のあとに not を置く。

Is this *manga* loved by many people? — Yes, it is.

このマンガは多くの人に愛されていますか。—はい,愛されています。

● 受け身の疑問文は,be 動詞を主語の前に出す。
● 答えるときも be 動詞を使い,過去分詞以下は省略する。

When was the temple built?

そのお寺はいつ建てられましたか。

● 疑問詞のある受け身の疑問文は,疑問詞を文のはじめに置き,受け身の疑問文の形を続ける。

UNIT 3 　受け身の文が使われるとき

| The temple was built about 800 years ago. | そのお寺はおよそ800年前に建てられました。 |

● 動作を受ける側に焦点をあてる場合に，受け身が使われる。

| In Canada, English and French are spoken. | カナダでは英語とフランス語が話されています。 |

● 動作をする側が明らかな場合，受け身の文で表し，by ～ は省略する。

| The house was built in 1970. | その家は1970年に建てられました。 |

● 動作をする側がわからない，まてははっきりさせる必要がない場合，受け身の文で表し，by ～ は省略する。

UNIT 4 　注意すべき受け身の文

| The top of Mt. Fuji is covered with snow.
Mother Teresa is known to everyone. | 富士山の頂上は雪でおおわれています。

マザーテレサはみんなに知られています。 |

● 受け身の中には，動作の主体を表すのに by 以外の前置詞を使うものがある。

| Lisa is interested in Japanese *anime*. | リサは日本のアニメに興味があります。 |

● 感情や心の動きを表す文は，受け身の形であっても，日本語で言うときは「～のような気持ちにさせられた」ではなく「～のような気持ちになった」と能動的に表すほうが自然なことが多い。

定期テスト対策問題

解答 ➡ p.249

問 1 受け身で使われる動詞の形

次の文の（　　）内のうち適切なものを選び，〇で囲みなさい。

⑴　This book was (wrote, written, writing) last year.

⑵　This camera is (use, uses, used) every day.

⑶　Gateball is (played, playing, plays) here every morning.

⑷　Were these cakes (make, made, making) by that girl?

問 2 受け身の文の形

日本語に合うように，＿＿に適切な1語を入れなさい。

⑴　その店は10時開店です。

　　The shop ＿＿＿＿＿＿＿ ＿＿＿＿＿＿＿ at ten o'clock.

⑵　元日には子どもたちにお金が与えられます。

　　Money ＿＿＿＿＿＿＿ ＿＿＿＿＿＿＿ to children on New Year's Day.

⑶　私の家から富士山が見られます。

　　Mt. Fuji can ＿＿＿＿＿＿＿ ＿＿＿＿＿＿＿ from my house.

⑷　この美しい箱は中国製です。

　　This beautiful box was ＿＿＿＿＿＿＿ in China.

問 3 受け身の時制

日本語に合うように，＿＿に適切な1語を入れなさい。

⑴　この写真は昨年撮られました。

　　This picture ＿＿＿＿＿＿＿ ＿＿＿＿＿＿＿ last year.

⑵　ここに新しいタワーが建てられるでしょう。

　　A new tower ＿＿＿＿＿＿＿ ＿＿＿＿＿＿＿ ＿＿＿＿＿＿＿ here.

問 4 受け身の文への書きかえ

次の各組の文がほぼ同じ意味を表すように，＿＿に適切な1語を入れなさい。

⑴　They use the room.

　　The room ＿＿＿＿＿＿＿ ＿＿＿＿＿＿＿ them.

⑵　My sister made these bags.

　　These bags ＿＿＿＿＿＿＿ ＿＿＿＿＿＿＿ ＿＿＿＿＿＿＿ my sister.

問 **5** 受け身の文の活用

次の絵に合う英文になるように，＿＿に適切な語を書きなさい。

⑴　This house ＿＿＿＿＿＿ built ＿＿＿＿＿＿ 2019.

⑵　One day, the window ＿＿＿＿＿＿ ＿＿＿＿＿＿ by someone.

⑶　Later, a bat and a ball ＿＿＿＿＿＿ found near the house.

問 **6** 受け身の否定文 / 疑問文

次の文を（　　）内の指示にしたがって書きかえなさい。

⑴　This car is made in Japan. （否定文に）

＿＿＿＿＿＿＿＿＿＿＿＿＿＿＿＿＿＿＿＿＿＿＿＿＿＿＿＿

⑵　The song is sung by a lot of people. （疑問文に）

＿＿＿＿＿＿＿＿＿＿＿＿＿＿＿＿＿＿＿＿＿＿＿＿＿＿＿＿

⑶　She is called <u>Kumi</u> by everyone. （下線部が答えの中心となる疑問文に）

＿＿＿＿＿＿＿＿＿＿＿＿＿＿＿＿＿＿＿＿＿＿＿＿＿＿＿＿

問 **7** **by** を使わない受け身

日本語に合うように，＿＿に適切な1語を入れなさい。

⑴　地面は雪におおわれていました。

　　The ground was ＿＿＿＿＿＿ ＿＿＿＿＿＿ snow.

⑵　私はその手紙に驚きました。

　　I was ＿＿＿＿＿＿ ＿＿＿＿＿＿ the letter.

⑶　ガンジーはみんなに知られています。

　　Gandhi is ＿＿＿＿＿＿ ＿＿＿＿＿＿ everyone.

⑷　私は地球温暖化に興味があります。

　　I'm ＿＿＿＿＿＿ ＿＿＿＿＿＿ global warming.

⑸　この袋は再生紙でできています。

　　This bag is ＿＿＿＿＿＿ ＿＿＿＿＿＿ recycled paper.

\ 現役先生方に聞いた！/

あるある 誤答ランキング

中学校の先生方が，「あるある！」と思ってしまう，生徒たちのよくありがちな誤答例です。「自分は大丈夫？」としっかり確認して，まちがい防止に役立ててください。

第 1 位　**問題**　次の英文を（　）内の語を主語にして，受動態の文に書き換えなさい。
A man spoke to me at the station.　（ I ）

～~~~~~~~~~~~~~~~~~~~~~~~~~~~~~~~~~~~~~~

I was spoken by a man at the station.

あるある！

正しい英文：　**I was spoken to by a man at the station.**

speak to ～（～に話しかける）のように，動詞に前置詞などをつけて 2 語以上で 1 つの意味を表す表現のときには，受動態にしたときにも前置詞などはつけたままとします。

第 2 位　**問題**　次の日本文を英語に直しなさい。
昨日，その会議では英語が使われました。

English is used in the meeting yesterday.

あるある！

正しい英文：　**English was used in the meeting yesterday.**

受動態においては，過去のできごとは be 動詞を過去形にして表します。過去分詞の used だけでは過去のできごとを表したことにはなりません。

第 3 位　**問題**　次の英文を（　）内の語を使い，未来の文に書き換えなさい。
Fireworks are seen here.　（tomorrow）

Fireworks will see here tomorrow.

あるある！

正しい英文：　**Fireworks will be seen here tomorrow.**

未来の will や can などの助動詞のあとは，be 動詞の部分を原形にして受動態をつくります。

KUWASHII

ENGLISH

3章

中3
英語

現在完了

基本例文
の音声はこちらから

003

それぞれの英語表現が,
実際の場面ではどのよ
うに使われるのかチェ
ックしておこう!

現在完了の意味と形

Can-Do ▶ 現在完了の考え方を理解し，表現につなげることができる。

基本例文

A: When did you come to Japan?
B: Three years ago. I have lived here since then.

意味
A ： あなたはいつ日本に来たの？
B ： 3年前だよ。それ以来，ずっとここに住んでいるんだ。

1 現在完了とは

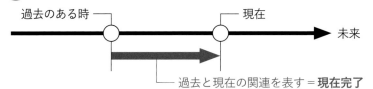

　現在完了は，日本語にはない時制表現で，過去の動作や状態が現在に関連していることを表します。また，過去よりも現在に視点を置いた表現です。

2 現在完了が表す意味

　現在完了は，次の3つの意味を表すことができます。
① 完了・結果：「～してしまった」「～したところだ」（➡p.50）
　過去のある時に始まった動作が，現在ではすでに完了していることを表します。
② 経験：「～したことがある」（➡p.54）
　過去から現在までの経験を表します。
③ 継続：「ずっと～である［している］」（➡p.58）
　過去のある時の状態や動作が現在も続いていることを表します。

注意

過去形とのちがい

過去形は過去のある時点での動作や状態のみを表すのに対し，現在完了は過去の動作や状態が現在とどう関連しているかを表す。
「私はカギをなくしました。」を表す次の2つの文を見てみよう。
① I **lost** my key.
② I **have lost** my key.
①は過去形の文で，過去になくしたことのみを表しており，現在どうなっているかは不明。②は現在完了の文で，過去になくして現在もなくなったままであることを表している。

③ 現在完了の形

　現在完了は，〈主語＋have [has]＋動詞の過去分詞～.〉の形で表します。主語が3人称単数のときは have ではなく has を使います。

主語	現在完了	
I, you, 複数	have	過去分詞
3人称単数	has	

I have visited Osaka many times.
（私は何度も大阪を訪れたことがあります。）
Ms. Ito has worked as a teacher here for over 10 years.
（伊藤先生は10年以上ずっとここで教師として働いています。）

注意

現在完了で使わない語句

現在完了は現在との関係を示す表現なので，～ ago（～前），last ～（昨～），yesterday（昨日）など過去を表す語句を同時に使うことはできない。
その代わり，since（～から）を使って since yesterday（昨日から）のように言うことが多い（→p.58）。

POINT

① 現在完了とは**過去と現在の関連**を表す表現。

② 現在完了は，**3つの意味**を表すことができる。

③ 現在完了は，〈**主語＋have [has]＋動詞の過去分詞～.**〉の形で表す。

CHECK 015

解答 → p.250

（　　）内の適切なものを選びましょう。

☐ (1) We (have stay, were stayed, have stayed) here for two weeks.

☐ (2) My sister (has played, has playing, have played) soccer many times.

TRY! 表現力

「○○に～年間［～から］住んでいます。」と，住んでいる場所と期間を言ってみましょう。

WORD LIST：lived, for, years, since, born

例　I have lived in Osaka since I was born.

UNIT

2 『完了』『結果』を表す現在完了

Can-Do ▶現在完了を使い，動作や状態の完了・結果について説明できる。

基本例文

A: I **have already** finished my homework.
B: How quick! I must do it tonight.

意味

A： ぼくはもう宿題が終わってるよ。
B： なんて早いの！　私は今夜やらなくちゃ。

1 動作の『完了』を表す現在完了

```
過去 ━━━━━━━━━━━━━━━━━━━━━━▶ 未来
                        現在
            動作が完了 ─┘   完了している状態
```

　現在完了の形〈have[has] ＋過去分詞〉を使って，「〜してしまった」「〜したところだ」というふうに過去に始まった動作が現在までに『完了』していることを表すことができます。

Mike has already written the report.
（マイクはすでにそのレポートを書いてしまいました。）

2 『完了』を表す現在完了でよく使われる語句

語句	意味	位置
already	「すでに，もう」	have[has] と過去分詞の間
just	「ちょうど」	have[has] と過去分詞の間
yet	「（否定文で）まだ」「（疑問文で）もう」	文末

注意

already の位置

already（すでに，もう）はふつう have[has] と過去分詞の間に置かれるが，文頭や文末に置かれて強調したり驚きを表したりすることともある。

3 動作の『結果』を表す現在完了

現在完了の形〈have [has] ＋過去分詞〉を使った文は，過去に始まった動作が完了したことによる『結果』に重点を置いた表現になることもあります。

AI has made our lives rich.
（**AI** は私たちの生活を豊かにしました。）

➡ その結果，現在も生活は豊かである。

The girl has gone to America.
（その女の子はアメリカへ行ってしまいました。）

➡ その結果，女の子はここにはいない。

POINT

❶ 現在完了は，過去に始まった**動作が『完了』している**ことを表すことができる。

❷ 完了を表す現在完了では，**already, just, yet** がよく使われる。

❸ 動作の完了だけでなく，その**『結果』が今も残っている**ことを表す場合もある。

CHECK 016

解答 ➡ p.250

（　　）内の適切なものを選びましょう。

☐ (1) The students (has just done, have just done, have just do) their work.

☐ (2) The boy (have already open, have already opened, has already opened) the present.

TRY! 表現力

already を使って，あなたがすでにし終えていることを言ってみましょう。

WORD LIST : clean my room, do my homework, have dinner, take a bath

例 I have already taken a bath.

UNIT 3 『完了』『結果』を表す現在完了の否定文/疑問文

Can-Do ▶ 現在完了を使い，動作や状態の完了・結果についてやりとりできる。

基本例文 🔊))

A: Have you finished your homework?
B: No, I have not started it yet.

意味
A：宿題は終わった？
B：いや，まだ始めてもいないよ。

1 『完了』『結果』を表す現在完了の否定文

肯定文 （私はすでにその本を読んでしまいました。）

| I | have | | already | read | the book. | |

否定文 （私はまだその本を読んでいません。）

| I | have | not | | read | the book | yet. |

　現在完了の否定文は，have[has] の後ろに not を置いて作ります。
『完了』『結果』を表す現在完了の否定文は，「まだ～していません」という意味を表します。また，文末に yet（まだ）がよく使われます。

2 『完了』『結果』を表す現在完了の疑問文

肯定文 （トムはちょうどどこに来たところです。）

| | Tom | has | just | come | here. | |

疑問文 （トムはもうここに来ましたか。）

| Has | Tom | | | come | here | yet? |

現在完了の疑問文は，have[has] を主語の前に出して作ります。

注意

短縮形いろいろ
【have[has]＋not の短縮形】
・have not ＝ haven't
・has not ＝ hasn't
【主語＋have の短縮形】
・I have ＝ I've
・we have ＝ we've
・you have ＝ you've
・they have ＝they've
【主語＋has の短縮形】
・he has ＝ he's
・she has ＝ she's
・it has ＝ it's

『完了』『結果』を表す現在完了の疑問文は，「もう〜しましたか」という意味を表します。また，文末に yet（もう）がよく使われます。

> Have **you** finished **your** homework yet?
> （あなたはもう宿題を終えましたか。）
> — **Yes, I** have.　（はい，終えました。）
> 　 **No, I** haven't.　（いいえ，終えていません。）
> Has **your** mother left **home** yet?
> （あなたのお母さんはもう家を出ましたか。）
> — **Yes, she** has.　（はい，出ました。）
> 　 **No, she** hasn't.　（いいえ，出ていません。）

答えるときも have[has] を使い，Yes／No で答えます。

No の答え方

『完了』『結果』を表す現在完了の疑問文に対して「いいえ」と答えるときは，No, not yet.「いいえ，まだです。」という答え方もある。

3 章　現在完了

👆 POINT

① 現在完了の**否定文**は，**have[has]** の後ろに **not** を置く。

② 現在完了の**疑問文**は，**have[has]** を主語の前に出す。

③ 『完了』『結果』を表す現在完了では，**否定文・疑問文で yet** がよく使われる。

✓ CHECK 017

解答 ➡ p.250

（　　）内の適切なものを選びましょう。

☐ ⑴ The students (not have finished, have not finished, have finished not) their homework yet.

☐ ⑵ (Have you opened, Do you have opened, Are you have opened) the letter yet?

TRY!
表現力

あなたの家族に，何かをもうしたかどうか，たずねてみましょう。

WORD LIST : clean the living room, cook dinner, take a bath, wash the dishes

例 Have you cooked dinner yet?

UNIT 4 『経験』を表す現在完了

Can-Do ▶ 現在完了を使い，これまでの経験について説明することができる。

基本例文

A: I have enjoyed skydiving three times.
B: Wow, that's amazing. How was it?

意味
A：ぼくは3回スカイダイビングを楽しんだことがあるんだ。
B：うわー，それはすごいね。どうだった？

1 『経験』を表す現在完了

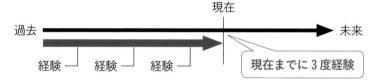

現在完了の形〈have[has]＋過去分詞〉を使って，「～したことがある」という現在までの『経験』を表すことができます。

I have visited Kyoto twice.
（私は2回，京都を訪ねたことがあります。）
My mother has learned calligraphy before.
（私の母は以前に書道を習ったことがあります。）

2 『経験』を表す現在完了でよく使われる語句

once	「1回」	twice	「2回」
～ times	「～回」	many times	「何度も」
before	「以前に」	often	「よく」
ever	「（疑問文で）今までに」		
never	「（否定文で）1度も～ない」		

注意

often を現在完了で使うと

often を現在完了で用いる場合，現在から今後にかけて続く習慣ではなく，「過去によく行っていた」という経験のニュアンスが強くなる。

③ have been to ～

> **Yuki has been to Korea three times.**
> （ユキは3回韓国へ行ったことがあります。）

「～へ行ったことがある」と言うときは，be動詞の過去分詞である been を使って，〈have [has] been to ～〉という形を使います。

> **Yuki has gone to Korea.**
> （ユキは韓国へ行ってしまいました。）

go の過去分詞 gone を使って have [has] gone to ～ とすると，「～へ行ってしまった（だから今ここにいない）」という『結果』を表す文になります。

 注意

have gone to

アメリカ英語では，「～へ行ったことがある」と言うとき，have been to ～ の代わりに have gone to ～ が使われることもある。特に，主語がIのとき（I have gone to ～）は，文脈から「～へ行ってしまった」という意味にとられないとき，「～へ行ったことがある」という意味で使うことがある。

3 章

現在完了

👆 POINT

❶ 現在完了の形で，「～したことがある」という『経験』を表すことができる。

❷ 『経験』を表す現在完了では，**頻度や回数を表す語句**が使われることが多い。

❸ **have been to ～** で，「～へ行ったことがある」という意味を表す。

✓ CHECK 018

解答 ➡ p.250

（　　）内の適切なものを選びましょう。

☐ (1) Ted and Lisa (have played, have been playing, has played) the keyboard before.

☐ (2) The girl (has been, has been to, has gone) Australia twice.

TRY! 表現力

一度だけ行ったことのある場所について，「私は一度～へ行ったことがあります。」と言ってみましょう。

WORD LIST：America, Australia, Hawaii, Tokyo Skytree, Universal Studio Japan

> **例** I have been to Tokyo Skytree once.

『経験』を表す現在完了の否定文／疑問文

Can-Do ▶ 現在完了を使い，これまでの経験についてのやりとりができる。

基本例文

A: Have you ever written a diary?
B: No, I have never written one.

意味
A： きみは今までに日記を書いたことある？
B： いいえ，一度も書いたことがないの。

1 『経験』を表す現在完了の否定文

肯定文 （私は以前にこの絵を見たことがあります。）

| I | have | / | seen | this picture | before. |

否定文 （私はこの絵を一度も見たことがありません。）

| I | have | never | seen | this picture. | / |

　現在完了の否定文は，have[has] の後ろに not を置いて作りますが，「一度も〜したことがありません」という『経験』を表す現在完了の否定文は，not の代わりに never がよく使われます。

2 『経験』を表す現在完了の疑問文

疑問文 （あなたは今までにこの絵を見たことがありますか。）

| Have | you | ever | seen | this picture? |

— **Yes, I have.** （はい，あります。）
　 No, I haven't. （いいえ，ありません。）

注意

not でもよいが…
否定文は not を使ってもまちがいではないが，『完了』を表す現在完了の否定文と見分けがつかない。never を使えば『経験』を表す否定文であることがわかりやすい。

否定文や疑問文の作り方は前と同じだね。

もっと！

No の答え方
『経験』を表す現在完了の疑問文に対して「いいえ」と答えるときは，**No, I never have.**「いいえ，1度もありません。」という答え方もある。

「〜したことがありますか」という『経験』を表す現在完了の疑問文も，have[has] を主語の前に出して作ります。このとき，過去分詞の前に ever（今までに）がよく使われます。答えるときも have[has] を使い，Yes / No で答えます。

③ 回数をたずねる疑問文

> **How many times have you visited Okinawa?**
> （あなたは何回沖縄を訪れたことがありますか。）
> — **I have visited there twice.**
> （私は2回そこを訪れたことがあります。）

「何回〜したことがありますか。」と回数をたずねるときは，現在完了の疑問文の文頭に How many times を置きます。

注意

回数の答え方

回数をたずねられて答えるとき，回数のみを答えることもある。
How many times have you climbed Mt. Fuji?
（あなたは何回富士山に登ったことがありますか。）
— Once.（1回です。）
　Three times.（3回です。）
　Never.（1度もありません。）

3 章　現在完了

☝ POINT

❶ 『経験』を表す現在完了の**否定文**では，**not** の代わりに **never** がよく使われる。

❷ 『経験』を表す現在完了の**疑問文**では，**ever**（今までに）がよく使われる。

❸ 回数をたずねる疑問文は，**文頭**に **How many times** を置く。

✓ CHECK 019

解答 → p.250

（　）内の語を正しく並べかえましょう。

☐ (1) (you / seen / ever / have) that bird?

☐ (2) (tried / they / never / have) this game.

TRY! 表現力

食べ物について，「私は今までに〜を食べたことがありません。」と言ってみましょう。

WORD LIST : avocado, caviar, truffle, whale, *basashi*, *matsutake*

例 I have never eaten avocado.

UNIT 6 『継続』を表す現在完了

Can-Do ▶ 現在完了を使い，これまで継続していることについて説明できる。

基本例文

🔊))

A: I have been busy since this morning.
B: That's too bad. You look so tired.

意味
A：私は今朝からずっと忙しいのよ。
B：それはお気の毒に。とっても疲れていそうだね。

1 『継続』を表す現在完了

```
過去 ─────────────────────────── 現在 ──────────────→ 未来
          習慣的動作や状態の開始        現在まで継続している
```

　現在完了の形〈have［has］＋過去分詞〉を使って，「ずっと～している［～な状態である］」と動作や状態が現在まで『継続』していることを表すことができます。

I have used this smartphone for three years.
（私は3年間ずっとこのスマートフォンを使っています。）

2 『継続』を表す現在完了でよく使われる語句

語句	意味	例
for ～	「～の間」	for three years
since ～	「～以来［から］」	since last Sunday
all ～	「～中ずっと」	all this morning
these ～	「ここ～」	these two weeks

注意

動作を表す動詞の場合

日常的・習慣的に比較的長期にわたって継続する動作について「ずっと～している」と言いたいときは，『継続』を表す現在完了〈have［has］＋過去分詞〉を使う。
比較的短期間で絶え間なく続く動作の継続は，現在完了進行形（→p.62）を使って表すのがふつう。

よく使われる語句を覚えよう！

③ for と since の使い方

> I have lived in this town for ten years.
> （私は**10年間**ずっとこの町に住んでいます。）

for のあとには期間の長さを表す語句が続き，「〜の間」というように動作や状態が継続している期間を表します。

> My brother has been sick since yesterday.
> （私の兄［弟］は**昨日から**ずっと**具合が悪いです**。）

since のあとには時を表す語句が続き，「〜以来［から］」と動作や状態が始まった時（起点）を表します。

> I have known them since they were three.
> （私は彼らのことを彼らが3歳のころから**ずっと知っています**。）

since のあとには，語句ではなく過去の文が続くこともあります。

注意

「長い間」

for のあとに具体的な期間の長さではなく a long time を続けて for a long time とすると「長い間」という意味になる。継続を表す現在完了でよく使われる。

3章
現在完了

👆 POINT

❶ 現在完了の形で，「**ずっと〜している［である］**」という動作や状態の『**継続**』を表すことができる。

❷ 『継続』を表す現在完了では，**for 〜** や **since 〜** などがよく使われる。

✓ CHECK 020

解答 ➡ p.250

（　　）内の適切なものを選びましょう。

☐ ⑴ My friend has lived in America (for, since) last winter.

☐ ⑵ We have been married (for, since) 10 years.

TRY!
表現力

あなたが今の場所にどのくらいの期間［いつから］住んでいるか説明してみましょう。

WORD LIST : for, years, since, years old, born

例　 I have lived in Osaka since I was three years old.

UNIT
7

『継続』を表す現在完了の否定文/疑問文

Can-Do 現在完了を使い，これまで継続していることについてやりとりできる。

基本例文

A: Have you lived in this town for a long time?
B: No, I haven't. I moved here two months ago.

意味
A： あなたはこの町に長く住んでいるの？
B： いや，ちがうよ。2か月前にここに引っ越してきたんだ。

1 『継続』を表す現在完了の否定文

肯定文 （1週間ずっと暑いです。）

It	has		been	hot	for a week.

否定文 （1週間ずっと暑くありません。）

It	has	not	been	hot	for a week.

「ずっと〜していません［ではありません］」という『継続』を表す現在完了の否定文も，have［has］の後ろに not を置いて作ります。

2 『継続』を表す現在完了の疑問文

肯定文 （私は長い間ずっと彼を知っています。）

	I	have	known	him	for a long time.

疑問文 （あなたは長い間ずっと彼を知っているのですか。）

Have	you		known	him	for a long time?

— Yes, I have. （はい，そうです。）
　 No, I haven't. （いいえ，そうではありません。）

もっと！

あいさつの表現

How are you? 「ごきげんいかが／元気？」と同様に，How have you been? もあいさつでよく使われる。「（ここのところずっと）元気にしていた？」というニュアンスが伝わる。

「ずっと～していますか［ですか]」という『継続』を表す現在完了の疑問文も，have[has] を主語の前に出して作ります。答えるときも have[has] を使い，Yes/No で答えます。

③ 期間をたずねる疑問文

How long have you lived here?
（あなたはどのくらいの間ここに住んでいるのですか。）
— **I have lived here** for ten years.
（私は10年間ずっとここに住んでいます。）

「どのくらいの間～していますか［ですか]」と期間をたずねるときは，現在完了の疑問文の文頭に **How long** を置きます。

注意

期間の答え方
期間をたずねられて答えるとき，期間のみを答えることもある。
How long have you lived here?
— For ten years.
（10年間です。）
Since 2010.
（2010年からです。）

POINT

❶ 『継続』を表す現在完了の**否定文**も，**have[has]** の後ろに **not** を置く。
❷ 『継続』を表す現在完了の**疑問文**も，**have[has]** を主語の前に出す。
❸ **期間**をたずねる疑問文は，**文頭に How long** を置く。

CHECK 021

解答 → p.250

（　　）内の語を正しく並べかえましょう。
☐ (1) I (been / not / since / busy / have) yesterday.
☐ (2) (you / have / long / stayed / how) here?

TRY! 表現力

友だちに，ほしいものについて，どのくらいの期間［いつから］ほしいと思っているかたずねてみましょう。

WORD LIST : bag, bike, cat, computer, dog, smartphone, watch

例　How long have you wanted a new smartphone?

UNIT

8

『動作の継続』を表す現在完了進行形

Can-Do ▶ 現在完了進行形を使い，これまで続いている動作について説明できる。

基本例文

A: Mia and Ken have been playing tennis for four hours.
B: Really? They must really love playing tennis.

意味

A： ミアとケンは4時間ずっとテニスをしているよ。
B： 本当に？　彼らはテニスをするのが本当に好きなんだね。

1 現在完了進行形の意味と形

「（過去のある時から現在まで）ずっと〜している」と『動作』が絶え間なく『継続』していることを表すときは，現在完了進行形を使います。現在完了進行形には『完了』や『経験』の意味はありません。

現在完了進行形は，〈have [has] been＋動詞のing形〉の形です。

【現在完了】

| have [has] | ＋ | 過去分詞 |

【現在進行形】

| be 動詞 | ＋ | 動詞の ing 形 |

【現在完了進行形】

| have [has] | ＋ | been | ＋ | 動詞の ing 形 |

I have been playing the piano since this morning.
（私は今朝からずっとピアノを弾いています。）
Yuri has been running in the park for two hours.
（ユリは2時間ずっと公園で走っています。）

注意

状態は現在完了で

know（知っている），like（好きである），want（欲しがっている）など，動作ではなく状態の継続を表すときは，現在完了進行形ではなく，継続を表す現在完了〈have [has]＋過去分詞〉（→p.58）を使う。

注意

否定文と疑問文

現在完了進行形の否定文と疑問文の作り方は，現在完了の文と同じで，否定文は have [has] の後ろに not を置き，疑問文は have [has] を主語の前に出す。

② 『継続』を表す現在完了と現在完了進行形

I have studied English for three years.
(私は3年間ずっと英語を勉強しています。)

ある動作の継続が日常的・習慣的に比較的長期にわたっている場合，つまり習慣的に行っている『状態』の継続を表す場合は，継続を表す現在完了〈have[has]＋過去分詞〉を使います。

I have been studying English for three hours.
(私は3時間ずっと英語を勉強しています。)

それに対して，ある動作の継続が比較的短期間で絶え間なく続いている場合は，現在完了進行形〈have[has] been＋動詞の ing 形〉を使います。

 もっと！

習慣的な動作でも現在完了進行形を使う場合

日常的・習慣的な動作の継続であっても，「現在も継続中で今後も続く」というニュアンスを伝えたいときは，現在完了進行形が使われる場合がある。
I have been studying English for three years.
(私は3年間ずっと英語を勉強しています。)
⇒「今も続けていて今後も続ける」というニュアンスが強く出る。

👆 POINT

❶ 「ずっと～している」という絶え間なく続く『動作の継続』を表すときは，**現在完了進行形**を使う。

❷ 現在完了進行形は，〈**have[has] been＋動詞の ing 形**〉という形で表す。

✓ CHECK 022

解答 ➜ p.250

（　　）内の適切なものを選びましょう。

☐ (1) My friend has (playing, been played, been playing) the piano for two hours.

☐ (2) I have (watching, been watching, been watched) TV for an hour.

✏️ TRY! 表現力

あなたが今している動作について，現在完了進行形を使って，「私は…時間ずっと～しています。」と言ってみましょう。

WORD LIST : do my homework, play a video game, use my smartphone, watch TV

例 I have been doing my homework for three hours.

現在完了

UNIT 1 ： 現在完了の意味と形

I have lived here since then.

私はそれ以来，ずっとここに住んでいます。

- 現在完了は過去と現在の関連を表す表現。『完了・結果』『経験』『継続』の意味を表すことができる。
- 現在完了は〈主語＋have[has]＋動詞の過去分詞〜.〉の形で表す。

UNIT 2 ： 『完了』『結果』を表す現在完了

I have already finished my homework.

私はもう宿題を終えてしまいました。

- 現在完了は，過去に始まった動作が『完了』していることを表すことができる。already「すでに，もう」, just「ちょうど」, yet「まだ，もう」がよく使われる。
- 動作の完了だけでなく，その結果が今も残っていることを表す場合もある。

UNIT 3 ： 『完了』『結果』を表す現在完了の否定文 / 疑問文

I have not read the book yet.
Have you finished your homework yet?

私はまだその本を読んでいません。

あなたはもう宿題を終えましたか。

- 現在完了の否定文は，have[has] の後ろに not を置く。
- 現在完了の疑問文は，have[has] を主語の前に出す。

UNIT 4 ： 『経験』を表す現在完了

I have enjoyed skydiving three times.

私は3回スカイダイビングを楽しんだことがあります。

- 現在完了は，「〜したことがある」という『経験』を表すことができる。
- 経験を表す現在完了では，頻度や回数を表す語句が使われることが多い。

UNIT 5 『経験』を表す現在完了の否定文 / 疑問文

I have never seen this picture.　　私はこの絵を一度も見たことがありません。

Have you ever written a diary?　　あなたは今までに日記を書いたことがありますか。

How many times have you met him?　　あなたは何回彼に会ったことがありますか。

- 『経験』を表す現在完了の否定文では，not の代わりに never（一度も〜ない）がよく使われる。
- 『経験』を表す現在完了の疑問文では，ever（今までに）がよく使われる。
- 回数をたずねる疑問文は，文頭に How many times を置く。

UNIT 6 『継続』を表す現在完了

I have been busy since this morning.　　私は今朝からずっと忙しいです。

- 現在完了は，「ずっと〜している［である］」という動作や状態の『継続』を表すことができる。
- 継続を表す現在完了では，for 〜（〜の間）や since 〜（〜以来［から］）などがよく使われる。

UNIT 7 『継続』を表す現在完了の否定文 / 疑問文

It has not been hot for a week.　　1 週間ずっと暑くありません。

Have you lived here for a long time?　　あなたはここに長い間住んでいるのですか。

How long have you lived here?　　あなたはどのくらいの間ここに住んでいるのですか？

- 『継続』を表す現在完了の否定文も，have［has］の後ろに not を置く。
- 『継続』を表す現在完了の疑問文も，have［has］を主語の前に出す。
- 期間をたずねる疑問文は，文頭に How long を置く。

UNIT 8 『動作の継続』を表す現在完了進行形

Yuri has been running for two hours.　　ユリは 2 時間ずっと走っています。

- 「ずっと〜している」という絶え間なく続く『動作の継続』を表すときは，現在完了進行形を使う。
- 現在完了進行形は，〈have［has］been ＋動詞の ing 形〉で表す。

3 章
現在完了

定期テスト対策問題

解答 → p.250

問 1 現在完了の形

次の文の（　　）内のうち適切なものを選び，〇で囲みなさい。

(1) I (have live, have lived, have living) here for three years.

(2) Ellen (have works, have worked, has worked) as a volunteer before.

問 2 現在完了でよく使われる語句

次の文の（　　）内のうち適切なものを選び，〇で囲みなさい。

(1) I have (just, since, yet) sent an e-mail to you.

(2) I have seen the picture (now, once, yesterday).

(3) Nao has been in China (at, for, since) last year.

問 3 『完了』『結果』を表す現在完了

日本語に合うように，＿＿に適切な1語を入れなさい。

(1) ジャックはすでにここに着いてしまっています。

Jack ＿＿＿＿＿＿ ＿＿＿＿＿＿ ＿＿＿＿＿＿ here.

(2) 彼女はまだケーキを作っていません。

She ＿＿＿＿＿＿ ＿＿＿＿＿＿ a cake ＿＿＿＿＿＿ .

(3) あなたはもうこの部屋を掃除してしまいましたか。

＿＿＿＿＿＿ you ＿＿＿＿＿＿ this room ＿＿＿＿＿＿ ?

問 4 『経験』を表す現在完了

日本語に合うように，＿＿に適切な1語を入れなさい。

(1) 私は以前にこの歌を聞いたことがあります。

I ＿＿＿＿＿＿ ＿＿＿＿＿＿ this song before.

(2) 彼らは一度もこの教室を掃除したことがありません。

They ＿＿＿＿＿＿ ＿＿＿＿＿＿ ＿＿＿＿＿＿ this classroom.

(3) あなたは今までにインターネットを使ったことがありますか。

＿＿＿＿＿＿ you ＿＿＿＿＿＿ ＿＿＿＿＿＿ the Internet?

(4) リクは3回沖縄へ行ったことがあります。

Riku ＿＿＿＿＿＿ ＿＿＿＿＿＿ to Okinawa three ＿＿＿＿＿＿ .

問 ⑤ 『継続』を表す現在完了

日本語に合うように，＿＿＿に適切な1語を入れなさい。

⑴ 私の兄は昨日からずっとひまです。
My brother ＿＿＿＿＿＿＿＿＿ ＿＿＿＿＿＿＿＿＿ free ＿＿＿＿＿＿＿＿＿ yesterday.

⑵ 私は2週間ずっと病気ではありません。
I ＿＿＿＿＿＿＿＿＿ ＿＿＿＿＿＿＿＿＿ sick ＿＿＿＿＿＿＿＿＿ two weeks.

⑶ フレッドは新しいデジタルカメラを長い間ずっと欲しがっているのですか。
＿＿＿＿＿＿＿＿＿ Fred ＿＿＿＿＿＿＿＿＿ a new digital camera for a long time?

問 ⑥ 現在完了進行形

日本語に合うように，＿＿＿に適切な1語を入れなさい。

⑴ 彼らは5時間ずっとサッカーをしています。
They have ＿＿＿＿＿＿＿＿＿ ＿＿＿＿＿＿＿＿＿ soccer ＿＿＿＿＿＿＿＿＿ five hours.

⑵ 私の母は今朝からずっとテレビを見ています。
My mother has ＿＿＿＿＿＿＿＿＿ ＿＿＿＿＿＿＿＿＿ TV ＿＿＿＿＿＿＿＿＿ this morning.

問 ⑦ 現在完了の疑問文 / 否定文

次の文を（　　）内の指示にしたがって書きかえなさい。

⑴ I have seen the picture before. （「一度も〜ない」という意味の否定文に）
＿＿＿＿＿＿＿＿＿＿＿＿＿＿＿＿＿＿＿＿＿＿＿＿＿＿＿＿＿＿＿＿＿＿＿＿

⑵ Emi has already cooked dinner. （「もう〜しましたか」という意味の疑問文に）
＿＿＿＿＿＿＿＿＿＿＿＿＿＿＿＿＿＿＿＿＿＿＿＿＿＿＿＿＿＿＿＿＿＿＿＿

⑶ Hana has visited Kyoto three times. （下線部が答えの中心となる疑問文に）
＿＿＿＿＿＿＿＿＿＿＿＿＿＿＿＿＿＿＿＿＿＿＿＿＿＿＿＿＿＿＿＿＿＿＿＿

⑷ They have lived in Canada since 1990. （下線部が答えの中心となる疑問文に）
＿＿＿＿＿＿＿＿＿＿＿＿＿＿＿＿＿＿＿＿＿＿＿＿＿＿＿＿＿＿＿＿＿＿＿＿

問 ⑧ 現在完了の文への書きかえ

次の各組の文がほぼ同じ意味を表すように，＿＿＿に適切な1語を入れなさい。

⑴ Ami moved to this town ten years ago, and still lives here now.
Ami ＿＿＿＿＿＿＿＿＿ ＿＿＿＿＿＿＿＿＿ in this town ＿＿＿＿＿＿＿＿＿ ten years.

⑵ Smartphones became popular. They are still popular now.
Smartphones ＿＿＿＿＿＿＿＿＿ ＿＿＿＿＿＿＿＿＿ popular.

\ 現役先生方に聞いた！/

あるある 誤答 ランキング

中学校の先生方が，「あるある！」と思ってしまう，生徒たちのよくありがちな誤答例です。「自分は大丈夫？」としっかり確認して，まちがい防止に役立ててください。

第 1 位　**問題**　次の日本文を英語に直しなさい。
彼は昨日，日本に着いたばかりです。

He <u>has just arrived</u> in Japan yesterday.　（×）

あるある！

正しい英文：　**He just arrived in Japan yesterday.**

現在完了は，過去の決まった時点や期間を表す語と一緒に使うことはできません。

第 2 位　**問題**　次の日本文を英語に直しなさい。
ケンは，2回中国に行ったことがあります。

Ken has <u>gone</u> to China twice.　（×）

あるある！

正しい英文：　**Ken has been to China twice.**

「行ったことがある」は have[has] been to で表します。gone だと「行ってしまって今はいない」というニュアンスになります。

第 3 位　**問題**　次の日本文を英語に直しなさい。
私は昨日からずっと忙しいです。

I have <u>busy</u> since yesterday.　（×）

あるある！

正しい英文：　**I have been busy since yesterday.**

I'm busy. I'm tired. など，形容詞で気持ちや状態を表す文を，現在完了で表す場合，動詞の部分は，be 動詞の過去分詞 been を用います。

KUWASHII

ENGLISH

中3
英語

4章

いろいろな文の構造

基本例文
の音声はこちらから

004

それぞれの英語表現が，
実際の場面ではどのよ
うに使われるのかチェ
ックしておこう！

UNIT 1 〈look＋形容詞〉などの文

Can-Do ▶ look や get などを使って，「〜のようだ」「〜になる」と表現できる。

基本例文 🔊

A: Maki got sick.
B: Oh, she looked so tired yesterday.

意味
A： マキが病気になったよ。
B： ああ，昨日，とても疲れてるようだったものね。

1 「〜のようだ」と様子を表す動詞

This cookie looks delicious.
　　　　　　　　　　形容詞
（このクッキーはおいしそうです〔←おいしそうに見える〕。）

「〜のようだ［〜に見える〕」という文は，look を使って〈look＋形容詞〉の形で表します。

〈動詞＋形容詞〉の形で「**〜のようだ**」などの意味になる他の動詞には，次のようなものがある。

feel	〜に感じる
smell	〜のにおいがする
sound	〜に聞こえる
taste	〜の味がする

みんな「〜の感じがする」動詞だね！

That sounds great.
（それはすばらしいですね〔←すばらしく聞こえる〕。）
This shirt feels good.
（このシャツは手ざわりがいいです〔←いいと感じる〕。）

もっと！

〈look like＋名詞〉

look を含め左にあるような動詞は，あとにくる語が形容詞だと〈動詞＋形容詞〉だが，名詞だと〈動詞＋like＋名詞〉になる。いずれも「〜のようだ」という意味を表す。
〈look like＋名詞〉
He looks like his mother.
（彼は母親に似ている〔←母親のように見える〕。）
〈feel like＋名詞〉
This paper feels like silk.
（この紙は絹のような手ざわりだ〔←絹のように感じる〕。）

② 「～になる」と変化を表す動詞

動詞 get, grow, become は, そうでなかった状態から「〔ある状態〕になる」という変化を表します。

We	got	<u>tired</u>. 形容詞	(私たちは疲れました。)
It	grew	<u>cold</u>.	(寒くなりました。)

get, grow は, あとに形容詞を置き, 〈get [grow] ＋形容詞〉の形で使います。

He became <u>famous</u>.　　(彼は有名になりました。)
　　　　　　　形容詞
He became <u>a singer</u>.　(彼は歌手になりました。)
　　　　　　　名詞

become は, あとに形容詞や名詞を置き, 〈become＋形容詞〉または〈become＋名詞〉の形で使います。

SVC の文

　主語　　動詞　　補語
The girl became a doctor.
(その少女は医者になりました。)
上の文から a doctor をとると, The girl became.
(その少女はなった) となり, 意味がわからない。
become (なる) には, 主語が「何に」なるかを示す語が必要である。このように主語の説明をする語を補語 (C) という。また, 主語 (S) ＋動詞 (V) ＋補語 (C) の要素でできた文を「SVC の文」ということがある。

4
章
いろいろな文の構造

👆 POINT

❶ 「～のようだ [に見える]」は〈look＋形容詞〉の形で表す。
❷ 「〔ある状態〕になる」は〈get [grow] ＋形容詞〉〈become＋形容詞／名詞〉の形で表す。

✓ CHECK 023

解答 ➡ p.251

(　　) 内の適切なものを選びましょう。
☐ (1) Lisa looks busy every day.　リサは毎日 (忙しく見ている, 忙しそうだ)。
☐ (2) My brother became an actor.　私の兄は俳優 (のようだった, になった)。

TRY!
表現力

身近な人について「～のようだ」と表現してみましょう。

WORD LIST : father, mother, brother, sister, busy, happy, sad, hungry, now

例　My sister looks hungry now.

UNIT

2 〈give＋A＋B〉などの文

Can-Do give や show などを使って，「（人）に（もの）を～する」と表現できる。

基本例文

A: My brother gave me a new bike.
B: Wow! Show it to me later.

意味 A：兄さんが新しい自転車を私にくれたの。
B：わあ！　あとでそれをぼくに見せて。

1 動詞＋（人）＋（もの）

（私はケンに私のノートを見せました。）

I	showed	Ken	my notebook.
主語	動詞	A（人）に	B（もの）を

（母は私に物語を語ってくれました。）

My mother	told	me	a story.
主語	動詞	A（人）に	B（もの）を

「A（人）に B（もの）を～する」は〈動詞＋A（人）＋B（もの）〉で表せます。A に代名詞が入るときは，me や him などの目的格になります。この語順では「B（もの）」が強調されます。

2 動詞＋（もの）＋to［for］＋（人）

（私はルーシーにプレゼントをあげました。）

I	gave	a present	to Lucy.
主語	動詞	B（もの）を	A（人）に

（タクは私にケーキを作ってくれました。）

Taku	made	a cake	for me.
主語	動詞	B（もの）を	A（人）に

もっと！

SVOO の文

動詞の動作の対象になる語を**目的語（O）**と呼び，動詞のあとに置く。
主語(S)動詞(V)　目的語(O)
Saki speaks Korean.
　　　　　　↑動作の対象
（サキは韓国語を話します。）
ここで学習する give や show などは，目的語を2つ持つことができる動詞である。

　　　　目的語(O_1)目的語(O_2)
Nancy gave him a present.
（ナンシーは彼にプレゼントをあげました。）
このように，主語（S）＋動詞（V）＋目的語（O_1）＋目的語（O_2）の要素でできた文を「SVOO の文」ということがある。
この文型では1つめの目的語（O_1）が「人」で2つめの目的語（O_2）が「もの」になる。

「A（人）に B（もの）を〜する」という文は，〈動詞＋B（もの）＋to［for］＋A（人）〉でも表せます。この語順では「A（人）」が強調されます。to を使うか for を使うかは，動詞によって決まっています。

give	（与える）			
send	（送る）			
show	（見せる）	（もの）	to	（人）
teach	（教える）			
tell	（言う）			
write	（書く）			
buy	（買う）	（もの）	for	（人）
make	（作る）			

 注意

（もの）が先の場合

「（人）に」が長いときは，「（もの）を」を先に置くことが多い。

I gave cookies to a lot of children.

（私は多くの子どもたちにクッキーをあげました。）

また，（もの）が代名詞（it / them など）のときも「（もの）を」（代名詞）を先に置く。

（×）I gave Mark it.

（○）I gave it to Mark.

（私はそれをマークにあげました。）

👉 POINT

1. give や show などは，〈動詞＋A（人）＋B（もの）〉の語順にする。

2. 〈動詞＋B（もの）＋to［for］＋A（人）〉でも同じ意味を表せる。

3. to か for かは，動詞によって決まっている。

✓ CHECK 024

解答 → p.251

（　）内の適切なものを選びましょう。

☐ (1) We gave (a present Ben, Ben a present).

☐ (2) I taught Japanese (to, for) Tim.

TRY!
表現力

「私の友だちに（もの）を〜しました。」と言ってみましょう。

WORD LIST：give, show, teach, write, a present, some pictures, math, a card

例　I showed my friend some pictures.

〈call [name] ＋ A ＋ B〉 の文

UNIT 3

Can-Do ► call や name を使って，「～を…と呼ぶ（名づける）」と表現することができる。

基本例文

A: Hi, nice to meet you. My name is Jennifer.
    Please **call me Jenny.**
B: Hi, Jenny. I'm Sota. Nice to meet you, too.

意味

A：はじめまして。私の名前はジェニファーよ。私をジェニーって呼んで。
B：こんにちは，ジェニー。ぼくはソウタです。こちらこそはじめまして。

1 「A を B と呼ぶ」の文

（私たちは彼女をジェニーと呼びます。）

We	call	her	Jenny.
主語	動詞	A を	B と

　動詞 call のあとに名詞または代名詞を 2 つ並べた〈call ＋ A ＋ B〉の形で「A を B と呼ぶ」という意味を表します。「A（を）」とそれを説明する「B（と）」は，A ＝ B の関係になります。

2 「A は B と呼ばれている」の文

She is called Jenny.
（彼女はジェニーと呼ばれています。）
That building is called Abeno Harukas.
（あの建物はあべのハルカスと呼ばれています。）

　〈A is called B.〉という受け身の形で，「A は B と呼ばれている。」という意味を表すことができます。A と B には「人」だけでなく「もの」が入ることもあります。

SVOC の文

〈動詞＋A＋B〉の形で A ＝ B の関係になる文では，A は動詞の目的語で B はそれを説明する補語である。このように主語（S）＋動詞（V）＋目的語（O）＋補語（C）の要素でできた文を「SVOC の文」ということがある。
We call him Sota.
主語 動詞 目的語＝補語
（S）（V）（O）　（C）

「何と呼ばれていますか」

What is A called? で「A は何と呼ばれていますか。」という意味を表す。文末に in Japanese（日本語で）や in English（英語で）をつけてたずねることが多い。

③ 「A を B と名づける」の文

（両親は赤ん坊をリクと名づけました。）

The parents	named	their baby	Riku.
主語	動詞	A を	B と

動詞 name も call と同様，あとに名詞または代名詞を 2 つ並べた〈name＋A＋B〉の形をとり，「A を B と名づける」という意味を表します。この文も A＝B の関係になります。

Their baby was named **Riku.**
（彼らの赤ん坊はリクと名づけられました。）

name も受け身の形で使われることがあります。〈A is named B.〉の形で「A は B と名づけられる。」という意味を表します。

〈call＋A＋B〉，〈name＋A＋B〉など SVOC の文については，➡p.79もチェックしてね。

👆 POINT

❶ 〈call＋A＋B〉で「**A を B と呼ぶ**」という意味を表す。

❷ 〈name＋A＋B〉で「**A を B と名づける**」という意味を表す。

❸ call も name も，**受け身の形**で使われることがある。

✓ CHECK 025

解答 ➡ p.251

（　　）内の適切なものを選びましょう。

☐ (1) We named (the cat Tama, the cat is Tama, Tama the cat).

☐ (2) This dog is (call, called, calls) Shiro.

TRY! 表現力

以下の人やものについて，「私は〜を…と呼びます。」と表現してみましょう。

WORD LIST : call, our teacher, my sister, my brother, my dog

例　I call the cat Tom.　I call the girl Kate.

UNIT

4 〈make＋A＋B〉の文

Can-Do▶make を使って，「～を…にする」と表現することができる。

基本例文

🔊))

A: Are you watching the movie again?
B: Yes! This movie makes me excited!

意味
A：あなた，またその映画を見てるの？
B：そうだよ！　この映画はぼくをワクワクさせるんだよ！

① 「A を B にする」の文

（この映画は私をワクワクさせてくれます。）

This movie	makes	me	excited.
主語	動詞	A を	B に

　動詞 make のあとに A（名詞・代名詞），B（形容詞・名詞）と並べた〈make＋A＋B〉の形で「A を B にする」という意味を表すことができます。「A（を）」と「B（に）」は，A＝B の関係になります。

② 主語がものの場合

　〈make＋A＋B〉の文で，主語が「もの」なら，日本語で言うときは A（人）を主語のように言えば，多くの場合，より自然な日本語になります。

The news made her sad.
（その知らせは彼女を悲しくさせました。
　　→その知らせを聞いて，彼女は悲しくなりました。）
What made you surprised?
（何があなたを驚かせたのですか。
　　→なぜあなたは驚いたのですか。）

もっと！

〈make＋A＋B〉の書きかえ

〈make＋A＋B〉で主語が「もの」の文は，A（人）を主語にしたほぼ同じ意味の文に書きかえられることがある。
The news made her sad.
→ She was sad to hear the news.
What made you surprised?
→ Why were you surprised?

3 〈make＋A＋B〉の見分け方

「A（人）に B（もの）を作ってあげる」という文も〈make＋A＋B〉の形です（→p.72）。この文では A＝B の関係は成り立ちません（A ≠ B）。それに対して、「A を B にする」の文は A＝B の関係が成り立ちます。A と B の関係に注意しましょう。

> **Meg made <u>him</u> <u>cookies</u>.** 【him ≠ cookies】
>   A B
> （メグは彼に**クッキー**を作ってあげました。）

⇒ A ≠ B なので、「A（人）に B（もの）を作ってあげる」の文。

> **Meg made <u>him</u> <u>angry</u>.** 【him＝angry】
>   A B
> （メグは彼を**怒らせ**ました。）

⇒ A＝B なので、「A を B にする」の文。

もっと！

同じ形の文を作る動詞

〈動詞＋A＋B〉（A＝B）の形の文を作る動詞には、call や name, make の他に、keep や leave などもある。
Please **keep** this room clean.
（この部屋をきれいにしておいてください。）
Don't **leave** the door open.
（ドアを開けたままにしてはいけません。）

4章 いろいろな文の構造

👆 POINT

❶ 「**A を B にする**」は〈**make＋A＋B**〉という形で表す。

❷ 日本語にするときは、**A を主語のようにして言う**と、より自然な日本語になることが多い。

❸ 「**A（人）に B（もの）を作ってあげる**」と**文の形が同じ**なので注意が必要。

✓ CHECK <u>026</u>

解答 → p.251

（　　　）内の語句を正しく並べかえましょう。

☐ (1) (me / her smile / happy / makes).

☐ (2) (you / made / what / sad)?

TRY! 表現力

「～は私を…させます。」と表現してみましょう。

WORD LIST： cooking, hungry, watching baseball, happy

例 Cooking makes me hungry. Watching baseball makes me happy.

いろいろな文の構造

この章で学習したことを，
もう一度チェックしてみよう！

UNIT 1 〈look＋形容詞〉などの文

She looked tired yesterday.

彼女は昨日，疲れているように見えました。

● 「〜のようだ［に見える］」は〈look＋形容詞〉の形で表す。

Maki got sick.

マキは病気になりました。

● 「〔ある状態〕になる」は〈get〔grow〕＋形容詞〉〈become＋形容詞／名詞〉の形で表す。

UNIT 2 〈give＋A＋B〉などの文

My brother gave me a bike.

兄が私に自転車をくれました。

● 「A（人）にB（もの）を〜する」は〈動詞＋A（人）＋B（もの）〉で表す。

My brother gave a bike to me.

兄が私に自転車をくれました。

● 「A（人）にB（もの）を〜する」は〈動詞＋B（もの）＋to〔for〕＋A（人）〉で表すこともできる。
● この形で使える動詞は，give の他に send（送る），show（見せる），tell（言う），buy（買う）などがある。

UNIT 3 〈call〔name〕＋A＋B〉の文

We call her Jenny.

私たちは彼女をジェニーと呼びます。

● 「AをBと呼ぶ」は〈call＋A＋B〉で表し，A＝Bの関係がある。

They named their baby Mei.

彼らは赤ん坊をメイと名づけました。

● 「AをBと名づける」は〈name＋A＋B〉で表し，A＝Bの関係がある。

UNIT 4 〈make＋A＋B〉の文

This movie makes me excited.

この映画は私をわくわくさせます。

● 「AをBにする」は〈make＋A＋B〉で表し，A＝Bの関係がある。

コラム

英語の基本文型

英語の文は，次のような4つの要素（SVOC）から成る5つの文型に分類することができます。

主語	S …	文の中で「何が」「だれが」にあたる語
動詞	V …	主語の動作や状態を表す語
目的語	O …	動詞が表す動作の対象になる語
補語	C …	主語・目的語の内容や状態を説明する語

第1文型　S V
第2文型　S V C
→ 第3文型　S V O
第4文型　S V O₁O₂
第5文型　S V O C

この章で学習した文を，英語の基本文型に当てはめて考えると，次のようになります。

〈look +形容詞〉 … 第2文型　S V C

She looked tired yesterday.
　S　　　V　　　C　　　修飾語

〈S（主語）+V（動詞）+C（補語）〉の形で，S＝Cの関係があります。動詞が look のとき，「SはCに見える」という意味を表します。

〈give + A + B〉 … 第4文型　S V O₁O₂

My brother gave me a bike.
　　　S　　　　V　　O₁　　O₂

〈S（主語）+V（動詞）+O₁（目的語）+O₂（目的語）〉の形で，動詞が2つの目的語をとります。動詞が give のとき，「SはO₁にO₂をあげる」という意味を表します。

〈call + A + B〉 … 第5文型　S V O C

We call her Jenny.
　S　 V　　O　　　C

〈S（主語）+V（動詞）+O（目的語）+C（補語）〉の形で，動詞が1つの目的語をとり，それを説明する補語が続きます。O－Cの関係があります。動詞が call のとき，「SはOをCと呼ぶ」という意味を表します。

〈make + A + B〉 … 第5文型　S V O C

This movie makes me excited.
　　S　　　　 V　　　　O　　　　C

上の call と同じ，SVOC の文型です。動詞が make のとき，「SはOをCにする」という意味を表します。

4 章

いろいろな文の構造

定期テスト対策問題

解答 ➡ p.251

問 1 いろいろな文構造の理解①

次の文の (　　　) 内のうち適切なものを選び，〇で囲みなさい。

⑴ The song makes (me happy, happy me).

⑵ My father gave (old stamps her, her old stamps).

⑶ We call (love it, it love).

⑷ Please show (them your pictures, your pictures them).

⑸ Mr. and Mrs. White often give (us candies, candies us).

⑹ They named (George him, him George).

問 2 いろいろな文で使われる動詞

次の文の＿＿に入る語を，下の語群から選んで入れなさい。ただし，同じ語は 1 度しか使えません。

⑴ The story ＿＿＿＿＿＿＿＿ us very sad.

⑵ She ＿＿＿＿＿＿＿＿ a good nurse.

⑶ They ＿＿＿＿＿＿＿＿ the mountain Mt. Akagi.

⑷ My brother ＿＿＿＿＿＿＿＿ me a computer game.

⑸ Tom ＿＿＿＿＿＿＿＿ very happy.

【 became, looks, gave, call, made 】

問 3 いろいろな文構造の理解②

日本語に合うように，＿＿に適切な 1 語を入れなさい。

⑴ だれがその鳥を白鳥と名づけたのですか。

Who ＿＿＿＿＿＿ ＿＿＿＿＿＿ ＿＿＿＿＿＿ swan?

⑵ 彼女は私に新しいドレスを見せてくれました。

She ＿＿＿＿＿＿ ＿＿＿＿＿＿ her new dress.

⑶ マークはがっかりしているように見えます。

Mark ＿＿＿＿＿＿ disappointed.

⑷ そのおばあさんが私に何か食べるものをくれました。

The old lady ＿＿＿＿＿＿ ＿＿＿＿＿＿ something to eat.

⑸ どうしてあなたはそんなに悲しんでいるのですか。

What ＿＿＿＿＿＿ ＿＿＿＿＿＿ so sad?

問 4 いろいろな文の形

日本語に合うように，（　　）内の語句を並べかえなさい。ただし，不要な語が1語ずつあります。

(1) この犬はコタロウと名づけられました。

(named / did / Kotaro / was / this dog).

_____ .

(2) 私たちはその知らせに驚きました。

(surprised / the news / we / made / us).

_____ .

(3) トムの家への道をあなたに教えましょう。

(I'll / the way / you / to / show / to / Tom's house).

_____ .

問 5 英作文

次の日本語を，（　　）内の語数の英語にしなさい。

(1) 私をサヤと呼んでください。（4語）

_____

(2) 彼女は人気のある歌手になりました。（5語）

_____

問 6 対話文

次の対話文の日本語に合うように，下の(1)～(3)の ____ に適切な1語をそれぞれ入れなさい。

Jenny: Hi, Becky. (1)(とてもうれしそうね。) What happened?

Becky: Hi, Jenny! *Guess what! (2)(パパが誕生日に子犬をくれたの！)

Jenny: A puppy? That sounds great. And happy birthday!

Becky: Thank you. He's so cute!

Jenny: Have you named him yet?

Becky: Yes. We talked and decided on his name last night. (3)(ラッキーと名づけたのよ。)

Jenny: Good name. I want to see him.

Becky: Do you want to come to my house now?

Jenny: Can I?

Becky: Sure. Let's go!

(1) You _____ so _____ .

(2) Dad _____ _____ a puppy for my birthday!

(3) We _____ _____ Lucky.

*Guess what!「当ててみて（ねえ，聞いて）！」

4 章
いろいろな文の構造

81

あるある 誤答ランキング

中学校の先生方が，「あるある！」と思ってしまう，生徒たちのよくありがちな誤答例です。「自分は大丈夫？」としっかり確認して，まちがい防止に役立ててください。

第 1 位　**問題**　次の日本文を英語に直しなさい。
彼はペンを私にくれました。

He gave <u>a pen me</u>.

あるある！

正しい英文：　**He gave me a pen.**

日本語では「ペンを私にくれました」とも「私にペンをくれました」とも言えますが，英語では give の後ろに名詞を 2 つ並べるときには，必ず〈人＋もの〉の語順になります。

第 2 位　**問題**　次の日本文を英語に直しなさい。
この歌は私をわくわくさせてくれます。

This song makes me <u>exciting</u>.

あるある！

正しい英文：　**This song makes me excited.**

〈make＋A＋B〉は「A を B にする（A＝B）」という意味です。「me（私）」は「わくわくする（させられる）」ので excited が正しい形です。

第 3 位　**問題**　次の語を並べ替えて，正しい英文を作りなさい。
(call / Jenny / we / her).

We call <u>Jenny her</u>.

あるある！

正しい英文：　**We call her Jenny.**

call A B は「A を B と呼ぶ」という意味で，「○○を」が必ず先に来ます。

KUWASHII

ENGLISH

5章

中3
英語

不定詞を使った文

基本例文
の音声はこちらから

005

それぞれの英語表現が，
実際の場面ではどのよ
うに使われるのかチェ
ックしておこう！

1 不定詞の基本的な使い方

Can-Do ▶ 不定詞の基本的な用法と意味が理解できる。

基本例文

A: I want to go shopping. Will you come with me?
B: I'm sorry, but I have something to do.

意味

A：買い物に行きたいんだ。いっしょに来ない？
B：ごめん，私，やることがあるの。

1 名詞の働きをする不定詞（名詞的用法）

I like to read books.
　　　　動詞の目的語
（私は本を読むことが好きです。）

To read books is interesting.
　　　　文の主語
（本を読むことはおもしろいです。）

〈to＋動詞の原形〉は，不定詞と呼ばれ，「～すること」の意味を表して，文中で名詞のような働きをすることができます。このような働きを不定詞の**名詞的用法**といいます。名詞的用法の不定詞は，動詞の目的語や文の主語などとして使われます。

2 副詞の働きをする不定詞（副詞的用法）

I'll go to Chiba to see my grandmother.
　動詞　　　　　　　不定詞
（私は祖母に会うために千葉へ行くつもりです。）

不定詞〈to＋動詞の原形〉は，「～するために」という動作の目的の意味を表し，動詞を修飾する副詞のような働きをすることもできます。この働きを不定詞の**副詞的用法**といいます。

用語解説

不定詞

〈to＋動詞の原形〉の形を「不定詞」といい，文の中で名詞，副詞，形容詞などの働きをする。また，to がつくことから「to 不定詞」と呼ばれることもある。

 もっと！

Why ～？ に答えるとき

Why ～？（なぜ～するか。）の疑問文に対して目的を答えるときには，副詞的用法の不定詞を使って To ～. と答えることができる。

Why did you go to the park?
（あなたはなぜ公園に行ったのですか。）

— To see my friends.
（友だちに会うためです。）

③ 形容詞の働きをする不定詞（形容詞的用法）

There are a lot of places <u>to visit</u> in Kyoto.
名詞　　　　不定詞

（京都には訪れるべき場所がたくさんあります。）

Please give me <u>something</u> <u>to eat</u>.
代名詞　　　　不定詞

（私に何か食べるものをください。）

　不定詞〈to＋動詞の原形〉は，「〜する（ための）…」「〜すべき…」の意味を表し，前の名詞や代名詞を修飾する形容詞のような働きをすることもできます。この働きを不定詞の形容詞的用法といいます。

不定詞＋前置詞

talk with friends（友だちと話す）のように，動詞と名詞の間に前置詞が必要な場合，形容詞的用法の不定詞のあとにも前置詞がついて，〈名詞＋不定詞＋前置詞〉の形になる。

He has a lot of friends to talk with.

（彼には一緒に話す友だちがたくさんいます。）

5 章 不定詞を使った文

👆 POINT

❶ 〈**to＋動詞の原形**〉を不定詞という。

❷ to の後ろの動詞は**必ず原形**になる。

❸ 不定詞は，**名詞，副詞，形容詞の働き**をすることができる。

✓ CHECK 027

解答 ➡ p.252

（　　）内の適切なものを選びましょう。

☐ (1) She likes (to play, to plays, to played) tennis.

☐ (2) I went to the station (see, saw, to see) my friends.

TRY! 表現力

今ほしいものを I want something 〜. に続けて言ってみましょう。

WORD LIST : drink, eat, read

例 I want something to drink.

UNIT
2

感情の原因を表す不定詞（副詞的用法）

Can-Do ▶ 不定詞を使って，感情の原因を説明できる。

基本例文

🔊))

A: Did you see Mary last week?
B: Yes. I was very glad to see her.

意味

A： あなたは先週，メアリーに会ったの？
B： うん。彼女に会えてとてもうれしかったよ。

1 感情の原因を表す不定詞

We are glad to see you again.
　　　形容詞　不定詞

（私たちはまたあなたに会えてうれしいです。）

　不定詞〈to＋動詞の原形〉は，感情を表す形容詞のあとに置かれて「〜して…」という意味を表すことがあります。これは，その感情が起こった原因を表しています。

　この働きは，すぐ前の形容詞を修飾する副詞の働きをしているので，不定詞の副詞的用法の１つということができます。

2 感情を表す形容詞

この用法の不定詞は，次のような表現がよく使われます。

be glad [happy] to 〜	「〜してうれしい」
be sad to 〜	「〜して悲しい」
be sorry to 〜	「〜して残念だ」
be surprised to 〜	「〜して驚く」

いろんな気持ちの原因を表すことができるんだね！

I was very sad to know the fact.
　　　　　　 形容詞　　不定詞

（私はその事実を知ってとても悲しかったです。）

I'm sorry to hear the news.
　　 形容詞　　不定詞

（私はその知らせを聞いて残念です。）

I was surprised to get a letter from you.
　　　　 形容詞　　　不定詞

（私はあなたから手紙をもらって驚きました。）

「すみません」の sorry

sorry は「残念だ」という
意味のほか「すみません,
申し訳ない」という意味で
も使われる。
I'm **sorry** to be late.
（遅れてすみません。）

5
章

不定詞を使った文

POINT

1 不定詞は, **感情の原因**を表すことができる。

2 この不定詞の働きは, **副詞的用法の1つ**である。

3 感情を表す形容詞のあとに不定詞が置かれ, 前で表されている**感情の原因**を示す。

CHECK 028

解答 ➡ p.252

（　　）内の語句を正しく並べかえましょう。

☐ (1) I'm (to / the news / hear / sad).

☐ (2) I (see / surprised / Miki / was / to) there.

TRY!
表現力

最近あなたが驚いたことを, 不定詞を使って言ってみましょう。

WORD LIST : hear, see, know, get

例　 I was surprised to see Yuki at the station.

3 It is ... (for —) to 〜. の文

Can-Do ▶「〜することは（—にとって）…である」と説明することができる。

基本例文

A: Have you finished your homework yet?
B: No. It's not easy for me to solve this math problem.

意味
A：もう宿題は終わった？
B：いや。この数学の問題を解くのはぼくには簡単なことじゃないんだよ。

1 It is ... to 〜. の文

（英語を勉強することは大切です。）

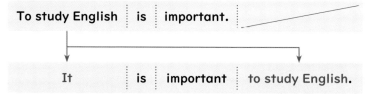

| To study English | is | important. |

| It | is | important | to study English. |

　上の例文の To study English は不定詞で文の主語です。ところが，英語では，主語が長い頭でっかちな文を避ける傾向があります。そこで，その下の例文のように It を主語の位置に置き，本当の主語である不定詞を文の後ろに続けることがあります。この It を形式主語といいます。

　この形の文を日本語になおすときは，本当の主語である不定詞以下を「〜することは」と先に日本語にします。形式主語の It を「それは」と日本語で言わないように注意しましょう。

2 It is ... for — to 〜. の文

It is hard for me to get up early.
└to get up をする人
（早く起きることは私にとってたいへんです。）

用語解説

形式主語

この文の It は，形式的に置かれるだけなので「形式主語」と呼ばれる。「仮主語」と呼ばれることもある。

注意

to の後ろは動詞の原形

この文の to 〜 は不定詞なので，to の後ろは必ず動詞の原形を続ける。

注意

for の後ろは目的格

〈for＋人〉の〈人〉に代名詞が入るときは，me, him, them などの目的格の形になる。

不定詞で表されている動作をする人がだれかを表すには，不定詞の前に〈for＋人〉（〜にとって）を置きます。

もっと！

〈of＋人〉

to 〜 の動作をする人はふつう〈for＋人〉で表すが，It is の後ろに kind（親切な），honest（正直な），foolish（ばかな）など人の性質を表す語が続く場合は for ではなく〈of＋人〉の形を使う。

It is kind of you to carry my bag.

（私のかばんを運んでくれるなんて，あなたは親切ですね。）

3 否定文と疑問文

> It is not **dangerous to swim** in this river.
> （この川で泳ぐことは**危険**ではありません。）
> Is it **easy for you to speak English?**
> （英語を話すことは**あなたにとって簡単**ですか。）

It is ... (for ─) to 〜. の文は，be 動詞を使った文なので，be 動詞のあとに not を入れると否定文に，be 動詞を主語の前に出すと疑問文になります。

POINT

❶ **It is ... to 〜.** の形で「**〜することは…です。**」という意味を表す。

❷ to 〜 の動作をする人を表すには，**to 〜 の前に〈for＋人〉**を置く。

❸ 否定文・疑問文の作り方は，**ふつうの be 動詞の文と同じ**。

CHECK 029

解答 → p.252

（　）内の適切なものを選びましょう。

☐ (1) (This, It) is important to save the earth.

☐ (2) It is fun for her (to, for, of) dance.

TRY! 表現力

「私にとって〜することは…です。」と言ってみましょう。

WORD LIST : hard, study, easy, cook

例　It is hard for me to study math. , It is easy for me to cook dinner.

UNIT
4

too ... to ～ / ... enough to ～ の文

▶「…すぎて～できない」「～するには十分…」と説明することができる。

 基本例文

A: Anna is tall **enough to ride** on the roller coaster.
B: My sister is **too short** to ride.

意味
A：アナはジェットコースターに乗るのに**十分な**身長だわ。
B：ぼくの妹は小さ**すぎて**乗れないよ。

① too ... to ～ の文

Jack was too busy to play soccer yesterday.
（ジャックは昨日，忙しすぎてサッカーができませんでした。）

too ... to ～ は「…すぎて～できない」「～するにはあまりにも…」という意味の表現です。

The question is too difficult <u>for me</u> to answer.
（その質問は<u>私には</u>難しすぎて答えられません。）

to ～ の前に〈for＋人〉を置けば，動作を行う人を示せます。

I am too tired to walk anymore.
（私は疲れすぎてこれ以上歩けません。）
＝**I am so tired that I can't walk anymore.**

too ... to ～ の文は，so ... that — can't ～ の形に書きかえることができます。that の後ろは文になるので主語が必要です。

② ... enough to ～ の文

My brother is old enough to get a driver's license.
（私の兄は運転免許を取るのに十分な年齢です。）

 注意

too と to

too のあとに続くのは形容詞または副詞で，to のあとに続くのは動詞の原形。混同しないように注意しよう。

... enough to ~ は「十分…なので~できる」「~するには十分…」
という意味の表現です。

> **The box was small enough <u>for him</u> to carry.**
> （その箱は彼にとって十分小さかったので運べました。）

to ~ の動作を行う人を示すときは，to ~ の前に〈for ＋ 人〉を置きます。

> **He is strong enough to lift the table.**
> （彼はそのテーブルを持ち上げられるほど十分力があります。）
> ＝ **He is so strong that he can lift the table.**

... enough to ~ の文は，so ... that ~ の形に書きかえることができます。that の後ろは文になるので主語が必要です。

注意

enough の位置に注意

この enough は副詞で，形容詞や他の副詞を修飾するが，形容詞・副詞の前ではなく後ろに置かれる。
（×）enough small
（○）small enough

もっと！

形容詞としての enough

enough は形容詞として名詞を修飾することもある。その場合は，enough は名詞の前に置かれる。
He has enough money.
（彼は十分なお金を持っています。）

POINT

❶ **too ... to ~** で「…すぎて~できない」「~するにはあまりにも…」の意味を表す。

❷ **... enough to ~** で「十分…なので~できる」「~するには十分…」の意味を表す。

❸ どちらも **so ... that ~** の形で書きかえることができる。

✓ CHECK <u>030</u>

解答 ➡ p.252

（　　）内の適切なものを選びましょう。

☐ ⑴ He is (to, too) sleepy (to, too) drive.

☐ ⑵ This story is (enough easy, easy enough) to understand.

TRY!
表現力

お母さんからの頼まれごとを **too ... to ~** を使って断ってみましょう。

Mom：Hey, ［あなたの名前］. Can you go to the store and buy some eggs?

あなた：No, I can't. ＿＿＿＿＿＿＿＿＿＿＿＿＿＿＿＿＿＿＿

　例　 I'm too tired to go.

UNIT
5 | 〈疑問詞 + to 〜〉

Can-Do ▶ 疑問詞を使って「〜の仕方」などについて表現できる。

基本例文

A: I've broken the window! I don't know what to do.
B: Just go to the teachers' room and apologize.

意味
A： 窓を割っちゃった！ どうすればいいかわからないよ。
B： 職員室に行って謝っておいで。

1 how to 〜

I know how to use this computer.
（私はこのコンピューターの使い方を知っています。）
I want to learn how to ski.
（私はスキーの仕方を習いたいです。）

how to 〜 は「〜の仕方」「どのように〜すればよいか」という意味の表現です。to の後ろには動詞の原形を続けます。

〈how to 〜〉で1つの名詞と同じ働きをして，know（知っている）や learn（習う）などの動詞のあとに置かれることが多い表現です。

2 いろいろな〈疑問詞 + to 〜〉

how 以外の疑問詞を使った〈疑問詞 + to 〜〉の表現もあります。

what to 〜	「何を〜すればよいか」
when to 〜	「いつ〜すればよいか」
where to 〜	「どこで［に］〜すればよいか」
which to 〜	「どちら［どれ］を〜すればよいか」

もっと！

〈what + 名詞 + to 〜〉
what の後ろに名詞が入って，以下のような形で使われることもある。
Do you know **what book to buy** for her?
（あなたは彼女にどんな本を買ったらよいかわかりますか。）
同様に，which の後ろに名詞が入ることもある。
I can't decide **which shirt to wear**.
（私はどちらのシャツを着ればよいか決められません。）

I didn't know what to say.
（私は何を言えばよいかわかりませんでした。）
I must decide which to buy.
（私はどちらを買えばよいか**決めなければなりません**。）

3 〈tell, ask など＋人＋疑問詞＋to ～〉

Will you tell me when to visit **you?**
（いつあなたを訪ねればよいか私に教えてくれませんか。）
I asked Nao where to go **next.**
（私は次にどこに行けばよいかナオにたずねました。）

〈疑問詞＋to ～〉は，〈tell, ask など＋人〉の後ろに置かれることもあります。

 もっと！

道をたずねる言い方
how to get to ～ で「～へ の行き方」という意味。道 をたずねるときによく使わ れる。
Could you tell me how to get to the station?
（駅への行き方を教えてい ただけませんか。）

👆 POINT

① **how to ～** で「～の仕方」「どのように～すればよいか」という意味。
② いろいろな疑問詞を使って〈疑問詞＋to ～〉と表すことができる。
③ 〈疑問詞＋to ～〉は〈**tell, ask** など＋人〉の後ろに置かれることもある。

✓ CHECK 031

解答 → p.252

（　　）内の語句を正しく並べかえましょう。
☐ ⑴ I (where / live / to / decided).
☐ ⑵ She (to / asked / when / leave / me).

TRY!
表現力

「私は～の仕方を知りません。」と言ってみましょう。

WORD LIST : cook *nikujaga*, make a paper crane, play *shogi*, play the guitar,
use this smartphone, write an English letter

例　I don't know how to play *shogi*.

5 章
不定詞を使った文

UNIT

6 ⟨want [tell, ask] ＋人＋to ～⟩

Can-Do 不定詞を使って，人にしてほしいことなどを伝えることができる。

基本例文

🔊))

A: Your bike is too small!
B: I know. I want my father to buy me a new one.

意味
A： きみの自転車は小さすぎるね！
B： そうなのよ。お父さんに新しい自転車を買ってほしいな。

1 ⟨want＋人＋to ～⟩

I want to go there. （私はそこに行きたいです。）
I want Mika to go there.
（私はミカにそこに行ってほしいです。）

「～したい」と言うときは want to ～ で表しますが，「（人）に～してほしい」と言うときには，⟨want＋人＋to ～⟩で表します。to の後ろは動詞の原形が続きます。

want to ～ の文では to ～ の動作を行うのは文の主語と同じですが，⟨want＋人＋to ～⟩の文では to ～ の動作を行うのは to の直前の⟨人⟩になります。

2 ⟨tell＋人＋to ～⟩

Our teacher always tells us to study hard.
（先生はいつも私たちに熱心に勉強するように言います。）

「（人）に～するように言う」と言うときには，⟨tell＋人＋to ～⟩で表します。to の後ろは動詞の原形が続きます。

Our teacher told us not to talk in this room.
（先生は私たちにこの部屋では話をしないように言いました。）

 もっと！

ていねいな表現

⟨want＋人＋to ～⟩と同じような意味だが，もっとていねいな言い方をするなら⟨would like＋人＋to ～⟩と言うとよい。
I would like you to come with me.
（あなたに私と一緒に来ていただきたいのですが。）

 もっと！

命令文を使った言いかえ

⟨tell＋人＋to ～⟩の文は，⟨say to＋人，"命令文."⟩の形で言いかえることができる。
I told him to do his homework.
（私は彼に宿題をするように言いました。）
→ I said to him, "Do your homework."
（私は彼に「宿題をしなさい」と言いました。）

「(人) に~しないように言う」と言うときには，to ~ の前に not を置いて，〈tell＋人＋not to ~〉で表します。

③ 〈ask＋人＋to ~〉

Sota asked me to close the window.
（ソウタは私に窓を閉めるように頼みました。）

「(人) に~するように頼む」と言うときには，〈ask＋人＋to ~〉で表します。to の後ろは動詞の原形が続きます。

I asked my sister not to play the piano late at night.
（私は姉［妹］に夜遅くにピアノを弾かないように頼みました。）

「(人) に~しないように頼む」と言うときには，to ~ の前に not を置いて，〈ask＋人＋not to ~〉で表します。

 もっと！

ていねいな命令文を使った言いかえ

〈ask＋人＋to ~〉の文は，〈say to＋人, "Please ~."〉の形で言いかえることができる。
He asked me to stay here.
（彼は私にここにいるように頼みました。）
→ He said to me, "Please stay here."
（彼は私に「ここにいてください」と言いました。）

POINT

❶ 〈want＋人＋to ~〉で「(人) に~してほしい」という意味を表す。

❷ 〈tell＋人＋to ~〉で「(人) に~するように言う」という意味を表す。

❸ 〈ask＋人＋to ~〉で「(人) に~するように頼む」という意味を表す。

CHECK 032

解答 → p.252

(　　) 内の適切なものを選びましょう。

☐ ⑴ I want (to you, you to) read this book.

☐ ⑵ They told me (not go, not to go) there.

TRY!
表現力

あなたの家族は1週間，留学生を受け入れることになりました。留学生にしてほしいことを表現してみましょう。

WORD LIST : I want him / her to ~.

例　I want her to tell us about her family.

〈let, help など＋人＋動詞の原形〉

Can-Do ▶不定詞を使って,「人に〜させる」などと表現できる。

基本例文 🔊))

A: Let me ask you another question.
B: OK. Go ahead!

意味
A：私にもう1つ質問させてください。
B：わかりました。どうぞ！

1 〈let＋人＋動詞の原形〉

Please let me go to the concert.
（私にそのコンサートに行かせてください。）

〈let＋人＋動詞の原形〉の形で「（人）に〜させる」という意味を表します。〈人〉のあとに続くのは動詞の原形で，形が変化したり前にto がついたりすることはありません。また，この動詞の原形は「to のない不定詞」または「原形不定詞」と呼ばれることがあります。

2 〈make, have＋人＋動詞の原形〉

Mr. Ito made his students read the textbook.
（伊藤先生は生徒たちに教科書を読ませました。）
I had Jenny take my picture.
（私はジェニーに私の写真を撮ってもらいました。）

make と have も，let と同じ文の形を作ります。〈make＋人＋動詞の原形〉は let と同様「（人）に〜させる」という意味を，〈have ＋人＋動詞の原形〉は「（人）に〜してもらう」という意味を表します。

 用語解説

原形不定詞

ここで使われる動詞の原形は不定詞の仲間で，「原形不定詞」などと呼ばれる。これに対して〈to＋動詞の原形〉は「to不定詞」と呼ばれることがある（➡p.84）。

もっと！

get も「〜してもらう」

get も「〜してもらう」という have と同じような意味がある。ただし，〈get ＋人＋**to**＋動詞の原形〉という形。
I got Jenny **to** take my picture.
（私はジェニーに私の写真を撮ってもらいました。）

make, have, let はいずれも使役動詞と呼ばれます。make は「(強制的に) 〜させる」, have は「〜してもらう」, let は「(望んでいることを許可して) 〜させる」という意味です。特に make と let の意味のちがいに注意しましょう。

③ 〈help＋人＋動詞の原形〉

I helped Kumi clean her room.
(私はクミが彼女の部屋をそうじするのを手伝いました。)

〈help＋人＋動詞の原形〉の形で「(人) が〜するのを手伝う [助ける]」という意味を表します。

This dictionary helps me read English books.
(この辞書は私が英語の本を読むのに役立ちます。)

主語が人ではなくものの場合,「(人) が〜するのに役立つ」という意味になります。

用語解説

使役動詞

この文の形をとる make, have, let は,「〜させる, してもらう」という意味を表すことから「使役動詞」と呼ばれる。

もっと!

〈to＋動詞の原形〉もあり

help は〈help＋人＋to＋動詞の原形〉というように動詞の原形の前に to がつくこともある。
I helped Susan (to) do her homework.
(私はスーザンが宿題をするのを手伝いました。)

5
章
不定詞を使った文

POINT

❶ 〈let＋人＋動詞の原形〉で「(人) に〜させる」という意味を表す。

❷ 「〜させる」「〜してもらう」という意味の **make, have, let** を「**使役動詞**」と呼ぶ。

❸ 〈**help＋人＋動詞の原形**〉で「(人) が〜するのを手伝う」という意味を表す。

CHECK 033

解答 ➡ p.252

( ) 内の適切なものを選びましょう。

☐ (1) My mother let me (to go, going, go) shopping with my friends.

☐ (2) I helped my father (cook, cooked, cooking) dinner.

TRY! 表現力

自分のお母さんに, 自分のしたいことについて「〜させてください」と頼んでみましょう。

WORD LIST : play a video game, go shopping, go to the concert

例 Please let me go to the concert.

不定詞を使った文

UNIT **1** 不定詞の基本的な使い方

> **I want to go shopping.**
> 私は買い物に行きたいです。

● 名詞的用法の不定詞〈to＋動詞の原形〉は「～すること」の意味を表し，文中で名詞の働きをする。

> **I'll go to Chiba to see my grandmother.**
> 私は祖母に会うために千葉へ行くつもりです。

● 副詞的用法の不定詞〈to＋動詞の原形〉は「～するために」の意味を表し，動詞を修飾する副詞の働きをする。

> **I have something to do.**
> 私はやる（べき）ことがあります。

● 形容詞的用法の不定詞〈to＋動詞の原形〉は「～する（ための）…」「～すべき…」の意味を表し，前の名詞や代名詞を修飾する形容詞の働きをする。

UNIT **2** 感情の原因を表す不定詞（副詞的用法）

> **I was very glad to see her.**
> 私は彼女に会えてとてもうれしかったです。

● 副詞的用法の不定詞は，感情を表す形容詞のあとに置かれ，「～して…」と感情の原因を表すことがある。

UNIT **3** It is … (for ―) to ～. の文

> **It is important for me to study English.**
> 英語を勉強することは私にとって大切です。

● It is … (for ―) to ～. の形で「～することは（―にとって）…である。」の意味を表す。
● 文頭の It は to ～ の内容を指す。to ～ の動作をする人を表すには，to の前に〈for＋人〉を置く。

UNIT **4** too … to ～ / … enough to ～ の文

> **The question is too difficult to answer.**
> その質問は難しすぎて答えられません。

● too … to ～ で「…すぎて～できない」「～するにはあまりにも…」の意味を表す。
● to ～ の動作をする人を表すには，to の前に〈for＋人〉を置く。

She is old enough to sleep alone.

彼女はひとりで寝るのに十分な年齢です。

● ... enough to ～ は「十分…なので～できる」「～するには十分…」の意味を表す。

UNIT 5 〈疑問詞＋to ～〉

I want to learn how to ski.

私はスキーの仕方を習いたいです。

● how to ～ は「～の仕方」「どのように～すればよいか」の意味を表す。
● 〈疑問詞＋to ～〉の表現には，what to ～「何を～すればよいか」，when to ～「いつ～すればよいか」，where to ～「どこで [に] ～すればよいか」，which to ～「どちら [どれ] を～すればよいか」などもある。

UNIT 6 〈want [tell, ask] ＋人＋to ～〉

I want Mika to go there.
Our teacher tells us to study hard.

Sota asked me to close the window.

私はミカにそこに行ってほしいです。

先生は私たちに，一生懸命勉強するように言います。

ソウタは私に窓を閉めるように頼みました。

● 〈want＋人＋to ～〉で「(人) に～してほしい」の意味を表す。
● 〈tell＋人＋to ～〉で「(人) に～するように言う」の意味を表す。
● 〈ask＋人＋to ～〉で「(人) に～するように頼む」の意味を表す。

UNIT 7 〈let, help など＋人＋動詞の原形〉

Please let me go first!

私に最初に行かせてください！

● 〈let＋人＋動詞の原形〉で「(人) に～させる」の意味を表す。
● 〈make＋人＋動詞の原形〉で「(人) に～させる」の意味を表す。
● 〈have＋人＋動詞の原形〉で「(人) に～してもらう」の意味を表す。

I helped Kumi clean her room.

私はクミが彼女の部屋をそうじするのを手伝いました。

● 〈help＋人＋動詞の原形〉で「(人) が～するのを手伝う [助ける]」の意味を表す。

5
章

不定詞を使った文

定期テスト対策問題

解答 ➡ p.252

問 1 不定詞の 3 用法

下線部に注意して，次の英語に合う日本語を完成しなさい。

(1) He came to Japan <u>to be</u> a sumo wrestler.

彼は力士に (）。

(2) I'm very glad <u>to hear</u> that.

私はそれを (）。

(3) Tom had little time <u>to see</u> his family in Hawaii.

トムはハワイにいる家族に (）。

(4) David likes <u>to sing</u> very much.

デイビッドは (）。

問 2 It is ... (for ―) to ～. の文

日本語に合うように，＿＿に適切な 1 語を入れなさい。

(1) 他人とコミュニケーションをとることは大切です。

＿＿＿＿＿＿＿ is important ＿＿＿＿＿＿＿ communicate with others.

(2) 子どもたちがここで遊ぶのは危険です。

＿＿＿＿＿＿＿ is dangerous ＿＿＿＿＿＿＿ children ＿＿＿＿＿＿＿ play here.

問 3 too ... to ～, ... enough to ～ の文

次の各組の文がほぼ同じ意味を表すように，＿＿に適切な 1 語を入れなさい。

(1) This bag is so heavy that I can't carry it.

This bag is ＿＿＿＿＿＿＿ heavy ＿＿＿＿＿＿＿ me ＿＿＿＿＿＿＿ carry.

(2) This book is so easy that I can read it.

This book is ＿＿＿＿＿＿＿ ＿＿＿＿＿＿＿ for me ＿＿＿＿＿＿＿ read.

問 4 〈疑問詞 + to ～〉

次の文の (　　) 内のうち適切なものを選び，〇で囲みなさい。

(1) I don't know (what, where, which) to put my coat.

(2) Tell me what (eat, eating, to eat) in Hokkaido.

(3) I'm thinking about (what, when, which) to buy a new cell phone.

(4) Do you know (what, which, how) to cook *gyoza*?

問 5 〈want [tell, ask] ＋人＋to ～〉

日本語に合うように，＿＿に適切な1語を入れなさい。

(1) 私は彼にここに来てほしいです。
I want ＿＿＿＿＿＿ ＿＿＿＿＿＿ ＿＿＿＿＿＿ here.

(2) 私の母は私にもっと熱心に勉強するように言いました。
My mother told ＿＿＿＿＿＿ ＿＿＿＿＿＿ ＿＿＿＿＿＿ harder.

(3) 私たちは彼女にバイオリンを弾いてくれるように頼みました。
We asked ＿＿＿＿＿＿ ＿＿＿＿＿＿ ＿＿＿＿＿＿ the violin.

問 6 原形不定詞を使った文

日本語に合うように，（　）内の語句を並べかえなさい。ただし，不要な語が1語ずつあります。

(1) 私にこのコンピューターを使わせてください。
Please (let's / use / me / let / this computer).
Please ＿＿＿＿＿＿＿＿＿＿＿＿＿＿＿＿＿＿＿＿ .

(2) ビルは私を1時間以上も待たせました。
Bill (for / made / wait / me / to) more than one hour.
Bill ＿＿＿＿＿＿＿＿＿＿＿＿＿＿ more than one hour.

(3) 私はユリが宿題をするのを手伝いました。
I (Yuri / doing / her homework / helped / do).
I ＿＿＿＿＿＿＿＿＿＿＿＿＿＿＿＿＿＿＿＿ .

問 7 不定詞を使った文の語順

日本語に合うように，（　）内の語句を並べかえなさい。

(1) 私にとってこの英語の本を読むのは難しいです。
(me / is / to / difficult / for / it) read this English book.
＿＿＿＿＿＿＿＿＿＿＿＿＿＿＿＿＿ read this English book.

(2) 私たちはいつここに来ればよいかわかりませんでした。
We (come / know / to / when / didn't) here.
We ＿＿＿＿＿＿＿＿＿＿＿＿＿＿＿＿＿＿ here.

(3) 私はサキに，私といっしょに買い物に行ってくれるように頼みました。
I (with / Saki / go shopping / asked / to) me.
I ＿＿＿＿＿＿＿＿＿＿＿＿＿＿＿＿＿＿ me.

(4) リサはバス停で私に会って驚きました。
Lisa (to / surprised / me / was / see) at the bus stop.
Lisa ＿＿＿＿＿＿＿＿＿＿＿＿＿＿＿＿＿ at the bus stop.

\ 現役先生方に聞いた！/ **ある ある 誤答 ランキング**

中学校の先生方が，「あるある！」と思ってしまう，生徒たちのよくありがちな誤答例です。「自分は大丈夫?」としっかり確認して，まちがい防止に役立ててください。

第 1 位　**問題**　次の日本文を英語に直しなさい。
私は彼に英語を教えてもらいたいです。

I want <u>to him</u> teach me English.

正しい英文：　**I want him to teach me English.**

「○○に〜してほしい」と言いたいときには，want と to の間に「○○に」の単語を入れます。「to のすぐ後ろは動詞の原形」と覚えましょう。

第 2 位　**問題**　次の文の（　　）内から適当なものを選びなさい。
It is kind (for, of) her to show me the way to the station.

It is kind <u>for</u> her to show me the way to the station.

正しい英文：　**It is kind of her to show me the way to the station.**

It is の後ろの形容詞 (kind) がその次に出てくる人 (her) の性質を表す場合は，前置詞は for ではなく of を選びます。上の文では「彼女 (her) ＝親切な (kind) 人」ですね。

第 3 位　**問題**　下線部を埋めて，日本語に合う英文を完成させなさい。
メアリーに部屋を掃除してもらいました。I had Mary ＿＿＿＿＿＿＿＿＿＿＿＿．

I had Mary <u>to clean</u> her room.

正しい英文：　**I had Mary clean her room.**

〈have＋人＋動詞の原形〉の形をとるとき，have を使役動詞と呼びます。使役動詞の用法では，「人」の次には動詞の原形が来ます。make や let も同様です。

KUWASHII

ENGLISH

中3英語

6章

間接疑問

基本例文
の音声はこちらから

006

それぞれの英語表現が,
実際の場面ではどのように使われるのかチェックしておこう!

間接疑問の形と働き

Can-Do ▶ 文の中に疑問詞が入った表現を使うことができる。

基本例文

A: Smells good! Dad, do you know what Mom is cooking?
B: I think she's baking an apple pie.

意味
A：いいにおい！　パパ，ママが何を作ってるか知ってる？
B：アップルパイを焼いているんだと思うよ。

1 間接疑問とは

　what や when などの疑問詞で始まる疑問文が，別の文の一部となることがあります。この部分を間接疑問といいます。間接疑問の文では，疑問詞のあとの語順がふつうの疑問文とは異なります。

2 間接疑問の形

疑問文 　　　（彼らはどこに住んでいますか。）

		Where	do	they	live?

間接疑問の文 （私は彼らがどこに住んでいるか知っています。）

I	know	where		they	live.

疑問文 　　　（これは何ですか。）

		What	is	this?	

間接疑問の文 （私はこれが何か知りません。）

I	don't know	what		this	is.

　間接疑問の文では，疑問詞のあとの語順が肯定文と同じ語順となり，〈疑問詞＋主語＋動詞～〉の形になります。

用語解説

間接疑問
疑問詞で始まる疑問文が別の文の一部となった場合，「間接疑問」という。

Do you know where they live**?**

（あなたは彼らがどこに住んでいるか知っていますか。）

また，文の終わりにつける符号は，主となる文が肯定文や否定文ならピリオド〈.〉，疑問文ならクエスチョンマーク〈?〉です。

③ 間接疑問の働き

We know his name. （私たちは彼の名前を知っています。）
 └名詞＝動詞 know の目的語
We know why he is angry.
 └〈疑問詞＋主語＋動詞〜〉＝動詞 know の目的語
（**私たちは**なぜ彼が怒っているのか**知っています。**）

間接疑問では，疑問詞から始まる部分が１つの名詞の働き（名詞節）をして，動詞の目的語などになります。

用語解説

名詞節

１つの文の中に〈主語＋動詞〜〉が複数ある場合，それぞれを節という。そして役割により，名詞の働きをするものを名詞節，形容詞の働きをするものを形容詞節，副詞の働きをするものを副詞節という。

POINT

1. 疑問詞で始まる疑問文が別の文の一部となった場合，**間接疑問**という。
2. 疑問詞のあとの語順は，肯定文と同じ〈**主語＋動詞**〉の形になる。
3. 文の終わりの符号は，**主となる文の種類**によって使い分ける。

6 章 間接疑問

CHECK 034

解答 → p.253

（　　）内の適切なものを選びましょう。
- ☐ (1) I want to know where (is she, she is).
- ☐ (2) We don't know what (he wants, does he want, is he want).

TRY! 表現力

相手について知らないことを，間接疑問を使って表現してみましょう。

WORD LIST : know, live, like, happy, sad

例 I don't know where you live. / I don't know why you are happy.

UNIT 2 いろいろな間接疑問

Can-Do 間接疑問の形でいろいろなことをたずねることができる。

基本例文

A: Can you tell me when she will come here?
B: I'm sorry, but I have no idea, either.

意味
A：彼女がいつここに来るか**教えてくれる?**
B：ごめんね，私にも全然わからないわ。

1 間接疑問の文の語順のちがい

① 疑問詞のあとが一般動詞の場合

Do you know when she came here?
└過去のことなら過去形に
（あなたは彼女がいつここに来たか**知っていますか。**）
No one knows where Tom lives.
└主語が3人称単数で現在なら s がつく
（だれもトムがどこに住んでいるか**知りません。**）

② 疑問詞のあとが be 動詞の場合

We want to know where you are from.
└肯定文と同じ語順
（私たちはあなたがどこの出身か**知りたいです。**）

③ 〈疑問詞＋名詞〉の場合

Please tell me what sports you like.
└「どんなスポーツ」
（あなたがどんなスポーツを好きか私に**教えてください。**）
I know how many bikes he has.
└「何台の自転車」
（私は彼が何台の自転車を持っているか**知っています。**）

 注意

時制の一致

主となる文の動詞が過去形のとき，疑問詞以下の動詞も過去形になる。日本語に直すときには注意が必要。
I <u>know</u> why he **is** angry.
（私は彼がなぜ怒っているか知っています。）
I <u>knew</u> why he **was** angry.
（私は彼がなぜ怒っているか知っていました。）

もっと!

疑問詞を使わない疑問文

疑問詞を使わない疑問文が間接疑問の文になる場合，「～かどうか」という意味の if を使う。
Is he free now?
（彼は今ひまですか。）
I don't know **if** he is free now.
（私は彼が今ひま**かどうか**知りません。）

④ 疑問詞が主語の場合

I don't know <u>who cleaned this room.</u>
　　　　　　　└—who が主語→ふつうの疑問文と同じ語順
（私は**だれがこの部屋をそうじしたか知りません。**）

2　間接疑問が使われる場合

We understand <u>how busy you are.</u>
　　　　　　　└—〈動詞＋疑問詞～〉の形
（私たちは**あなたがどのくらい忙しいか理解しています。**）

Could you tell me <u>how I can get to the station</u>**?**
　　　　　　　　　└—〈動詞＋人＋疑問詞～〉の形
（どうやって**駅へ行けるか私に教えていただけませんか。**）

間接疑問は多くの場合，〈動詞＋疑問詞～〉の形 (➜p.120) や〈動詞＋人＋疑問詞～〉の形 (➜p.122) で使われます。

👆 POINT

❶ 間接疑問では疑問詞から始まる部分が**1つの名詞の働き**をする。

❷ know などの目的語として〈**動詞＋疑問詞～**〉の形でよく使われる。

❸ tell, ask の目的語として〈**tell, ask＋人＋疑問詞～**〉でも使われる。

✓ CHECK <u>035</u>

解答 ➜ p.253

（　　）内の語句を正しく並べかえましょう。

☐ (1) I don't (she / know / come / when / will) here.

☐ (2) Please (want / me / you / tell / what).

TRY! 表現力

あなたは知りあったばかりの転入生を家に招待することにしました。その転入生について，「～かわからない」と表現してみましょう。

WORD LIST：know, when, what, why, how

例　I don't know when he will come to my house. / I don't know what he likes.

間接疑問

1 ┆ 間接疑問の形と働き

Do you know what Mom is cooking?

ママが何を料理しているか知っていますか。

● 疑問詞で始まる疑問文が，別の文の一部になったものを間接疑問という。
● 疑問詞のあとの語順は，肯定文と同じ〈主語＋動詞〉の形になる。
● 疑問詞で始まる節は名詞の働きをして，動詞の目的語などになる。

We know where he lives.

私たちは彼がどこに住んでいるか知っています。

● 文の終わりの符号は，主となる文が肯定文や否定文ならピリオド，疑問文ならクエスチョンマーク。

2 ┆ いろいろな間接疑問

Do you know when she came here?

あなたは彼女がいつここに来たか知っていますか。

●〈疑問詞＋一般動詞の疑問文〉が間接疑問になるときは，do[does, did] は使わず，〈疑問詞＋主語＋動詞～〉の形になる。 ※もとの文：When did she come here?

We want to know where you are from.

私たちはあなたがどこの出身か知りたいです。

●〈疑問詞＋be 動詞の疑問文〉が間接疑問になるときは，〈疑問詞＋主語＋be 動詞～〉の形になる。
※もとの文：Where are you from?

Please tell me what sports you like.

あなたがどんなスポーツが好きか私に教えてください。

●〈疑問詞＋名詞〉を含む疑問文が間接疑問になるときは，do[does, did] は使わず，〈疑問詞＋名詞＋主語＋動詞～〉の形になる。 ※もとの文：What sports do you like?

I don't know who cleaned this room.

私はだれがこの部屋をそうじしたか知りません。

● 疑問詞が主語の疑問文が間接疑問になるときは，〈疑問詞＋動詞～〉の形になる。 ※もとの文：Who cleaned this room?

We understand how busy you are. 私たちはあなたがどのくらい忙しいか理解しています。

● 間接疑問では，疑問詞から始まる部分が1つの名詞の働きをするので，間接疑問が know や understand などの目的語になる形でよく使われる。

Could you tell me how I can get to the station? どうやって駅へ行けるか私に教えていただけませんか。

● 間接疑問では，疑問詞から始まる部分が1つの名詞の働きをするので，tell や ask の目的語として，〈tell[ask]＋人＋疑問詞～〉の形で使われる。

6 章 間接疑問

COLUMN
コラム

疑問詞を使わない疑問文の間接疑問

what や where，who などの疑問詞で始まる文を間接疑問にするときは，疑問詞で始めます。では間接疑問にしたい疑問文がYes / No で答えるような，疑問詞のつかない疑問文の場合はどうしたらよいでしょうか。2つの例を見てみましょう。

【一般動詞の疑問文】
もとの疑問文：
Do you speak English?
（あなたは英語を話しますか。）
間接疑問の文：
I don't know if you speak English.
（私はあなたが英語を話すかどうか知りません。）

一般動詞の疑問文を間接疑問にするときは，do[does，did] は使わず，〈if＋主語＋動詞～〉の形で，「～かどうか」の意味を表します。

【be 動詞の疑問文】
もとの疑問文：
Are you free now?
（あなたは今，ひまですか。）
間接疑問の文：
I don't know if you are free now.
（私はあなたが今，ひまかどうか知りません。）
be 動詞の疑問文を間接疑問にするときは，〈if＋主語＋be動詞～〉の形で，「～かどうか」の意味を表します。

定期テスト対策問題

解答 ➡ p.253

問 1 **間接疑問と疑問詞**

次の文の（　　）内のうち適切なものを選び，○で囲みなさい。

(1) 私は，ティムがどこに行こうとしているか知りません。

I don't know (what, where, when) Tim is going.

(2) 私は，彼がいつ家に帰ってくるか知りたいです。

I want to know (what, where, when) he will come home.

(3) あなたはあの女性がだれか知っていますか。

Do you know (how, who, if) that woman is?

(4) 私は，彼が何をほしがっているか彼にたずねよう。

I will ask him (how, who, what) he wants.

(5) そのカフェへどうやって行けばいいか私に教えてくれますか。

Can you tell me (how, who, if) I can get to the cafe?

問 2 **間接疑問の意味**

次の英語を日本語にしなさい。

(1) I don't know what this is.

(　　　　　　　　　　　　　　　　　　　　　　　　　　　)

(2) I know how he got the money.

(　　　　　　　　　　　　　　　　　　　　　　　　　　　)

(3) Please tell me who wrote this book.

(　　　　　　　　　　　　　　　　　　　　　　　　　　　)

問 3 **間接疑問の作り方**

次の英文を，下の語句に続けて書きかえ，英文を完成しなさい。

(1) Whose dog is this?

Do you know _____ ?

(2) How many computers does he have?

I want to know _____ .

(3) Why did he sell his house?

Tell me _____ .

問 4 間接疑問への書きかえ

次の各組の文がほぼ同じ意味を表すように，＿＿に適切な1語を入れなさい。

(1) Do you know her age?

Do you know ＿＿＿＿＿＿ ＿＿＿＿＿＿ she is?

(2) I want to know his address.

I want to know ＿＿＿＿＿ ＿＿＿＿＿＿ ＿＿＿＿＿＿.

(3) I don't know your birthday.

I don't know ＿＿＿＿＿ you ＿＿＿＿＿＿ ＿＿＿＿＿＿.

問 5 間接疑問の語順

日本語に合うように，（ ）内の語句を並べかえなさい。

(1) あなたは，彼がどのくらいの間東京に滞在するか知っていますか。

(stay / how / will / do / he / you / know / long) in Tokyo?

＿＿＿＿＿＿＿＿＿＿＿＿＿＿＿＿＿＿＿＿＿ in Tokyo?

(2) あなたは，このかばんがいくらだったかあてられますか。

(guess / you / was / this / how / bag / much / can)?

＿＿＿＿＿＿＿＿＿＿＿＿＿＿＿＿＿＿＿＿＿ ?

(3) 私はどちらの本を買うべきかわかりません。

I (which / buy / I / know / book / should / don't).

I ＿＿＿＿＿＿＿＿＿＿＿＿＿＿＿＿＿＿＿＿＿ .

(4) 私は，彼がいつ私に電話をかけなおしてくるか知りません。

I (will / know / me / don't / he / call / when) back.

I ＿＿＿＿＿＿＿＿＿＿＿＿＿＿＿＿＿＿＿＿＿ back.

(5) あなたは今日が何曜日かわかりますか。

(what / do / know / is / you / it / day) today?

＿＿＿＿＿＿＿＿＿＿＿＿＿＿＿＿＿＿＿＿＿ today?

問 6 英作文

次の日本語を，（ ）内の語数の英語にしなさい。

(1) 私は，彼がいつ日本を去るのか知っています。（7語）

＿＿＿＿＿＿＿＿＿＿＿＿＿＿＿＿＿＿＿＿＿＿＿＿

(2) あの先生がだれか私に教えてください。（7語）

＿＿＿＿＿＿＿＿＿＿＿＿＿＿＿＿＿＿＿＿＿＿＿＿

\ 現役先生方に聞いた！ /

誤答ランキング

あるある

中学校の先生方が，「あるある！」と思ってしまう，生徒たちのよくありがちな誤答例です。「自分は大丈夫？」としっかり確認して，まちがい防止に役立ててください。

第 1 位　**問題**　次の日本文を英語に直しなさい。
私は彼女が何の本を読んでいるか知りたいです。

I want to know <u>what</u> she is reading <u>book</u>.

あるある！

正しい英文：　**I want to know** what book **she is reading.**

日本語で「何の」と「本」をくっつけて表現するように，英語でも what と book はセットにして表現します。

第 2 位　**問題**　次の日本文を英語に直しなさい。
私はあの女性がだれか知っています。

I know who <u>is that lady</u>.

あるある！

正しい英文：　**I know who** that lady is.

that lady が間接疑問の主語で is が動詞です。間接疑問では疑問詞の後ろに〈主語＋動詞〉の形が続きます。

第 3 位　**問題**　次の語を並べかえて英文を完成させなさい。
I don't know (wrote / who / this book).

I don't know who <u>this book wrote</u>.

あるある！

正しい英文：　**I don't know** who wrote this book.

this book wrote では「この本が（何かを）書く」という意味になってしまいます。この文では who が疑問詞でもあり主語でもあるので，who wrote の語順となります。

KUWASIIII

ENGLISH

7

章

中3
英語

that や疑問詞で始まる節

基本例文
の音声はこちらから

007

それぞれの英語表現が,
実際の場面ではどのよ
うに使われるのかチェ
ックしておこう!

UNIT

1

〈動詞＋ that 〜〉の文

Can-Do ▶接続詞 that を使い，自分の考えや情報を伝えることができる。

基本例文

A: What do you think of this homestay program?
B: I think that it's a great program.

意味

A： このホームステイプログラムをどう思いますか。
B： 私はすばらしいプログラムだと思います。

1 I think that 〜. の文

I think that koalas are cute .
（私は，コアラはかわいいと思います。）

I think（私は思う）の後ろに続く that は接続詞で，「ここから先が私が思っていることの内容ですよ」という印です。that のあとには〈主語＋動詞〜〉の形が続きます。この that 以下 は，think の目的語として1つの名詞のような働きをしている名詞節です。

　　I think that koalas are cute.
＝I think koalas are cute.
　　　　└─ that が省略

また，この that は省略することもできます。省略されても文全体の意味は変わりません。

think 以外にも，接続詞 that が後ろに続く動詞には，次のようなものがあります。

believe（信じる）	hope（望む）
find （わかる，気づく）	know（知っている）
hear （聞く）	say（言う）

用語解説

節

文の一部としての〈主語＋動詞〜〉のカタマリを「節」という。また，1つの文の中の節のうち，中心になる節を「主節」，それ以外の節を「従属節」という。従属節にはその役割により名詞節，形容詞節，副詞節がある。

もっと！

「〜ではないと思う」

日本語では「〜ではないと思う」という表現は自然だが，英語では否定語を文の前の方に持ってくる性質があるので，I think 〜 で始めて，後半に否定文を置くのはまれ。I don't think 〜. とするのが自然だ。
（○）I don't think that playing tennis is easy.
（×）I think that playing tennis is not easy.

I hear that Yui is from Okinawa.
（私は，**ユイは沖縄出身だ**と聞いています。）

2 時制の一致

I think that your hat is nice.
（私は，あなたのぼうしはすてきだと思います。）

I thought that your hat was nice.
　　過去形　　　　　　　　　　　└こちらも過去形に
（私は，あなたのぼうしはすてきだと思いました。）
　　　　　　　　　　　　　　└ここは過去の意味にしない

　主節の動詞が過去形のとき，that 以下の動詞も過去形になります。これを時制の一致といいます。

　ただし，日本語には時制の一致はないので，日本語に直すときに，that 以下の動詞が過去形でも「〜だった」と過去のようには言わないので注意しましょう。

注意

助動詞の文

that 以下の節に助動詞が使われている場合も，時制を一致させる。

I think that he will come.

（私は，彼は来るだろうと思います。）

I thought that he would come.

（私は，彼は来るだろうと思いました。）

POINT

❶ 「〜だと思う」などと言うとき，**接続詞 that** を使う。

❷ 接続詞 **that** は省略することができ，省略しても文の**意味は変わらない**。

❸ think が過去形のとき，**時制の一致**により **that** 以下の動詞も過去形になる。

CHECK 036

解答 → p.254

次の文に that を入れるとしたら，どの単語のあとが適当ですか。

☐ (1) I know you are very busy now.

☐ (2) Do you believe Japan is a safe country?

TRY!
表現力

明日の天気や気温について，「私は，明日は〜と思います。」と言ってみましょう。

WORD LIST：that, sunny, cloudy, rainy, windy, hot, warm, cool, cold

　例　I think that it will be rainy tomorrow.

UNIT
2 〈動詞＋人＋that 〜〉の文

(Can-Do) 接続詞 that を使い，だれがだれに何を言ったかを伝えることができる。

基本例文

A: Will Nancy come here?
B: Maybe. She told me that she would come.

意味
A：ナンシーはここに来るかなあ？
B：たぶんね。彼女はぼくに来るって言ったんだ。

1 〈tell ＋人＋that 〜〉の文

Please tell him the truth.
　　　　tell　人　　名詞
（彼に真実を伝えてください。）

Please tell him that I will be back soon.
　　　　tell　人　　　　that 〜
（彼に私はすぐに戻るつもりだと伝えてください。）

　〈tell ＋人＋もの〉で「(人) に (もの) を伝える [教える]」という意味を表します（→p.73）。この形の〈もの〉の部分に〈that ＋主語＋動詞〜〉の形が入り，「(人) に (that 以下のこと) を伝える [教える]」という意味になることがあります。この that も接続詞で，「ここから先が tell で伝える内容ですよ」という印です。that 以下は，tell の目的語として 1 つの名詞のような働きをしている名詞節です。

　また，この that も省略することができます。省略されても文全体の意味は変わりません。

2 時制の一致

Andy told me that Cathy was his girlfriend.
過去形　　　　　　　　└こちらも過去形に
（アンディは私に，キャシーは彼のガールフレンドだと言いました。）
　　　　　　　ここは過去の意味にしない┘

用語解説

目的語

動詞の動作の対象になる語を目的語と呼ぶ。tell は目的語を 2 つとることができる動詞で，1 つ目は〈人〉，2 つ目は〈もの・こと〉である。ここで学習する文は，2 つ目の目的語の位置に〈that ＋主語＋動詞〜〉の形が入る。

I think that ～. の文と同様に，〈tell＋人＋that ～〉の文でも時制の一致が起こります。tell が過去形のとき，that 以下の動詞も過去形になります。

③ tell 以外の動詞

This book <u>teaches</u> us that reading is important.
（この本は私たちに読書は大切だと教えてくれます。）
Koji <u>promised</u> me that he would help me.
（コウジは私に，私を手伝ってくれると約束しました。）

tell 以外にも，teach（教える）や promise（約束する）なども同じ形の文を作ります。〈teach＋人＋that ～〉で「（人）に～だと教える」，〈promise＋人＋that ～〉で「（人）に～すると約束する」という意味です。

🖐 POINT

❶ 〈**tell＋人＋that ～**〉で「（人）**に～だと言う[伝える]**」という意味を表す。

❷ tell が過去形のとき，**時制の一致**により **that 以下の動詞も過去形**になる。

❸ **teach** や **promise** なども同じ形の文を作る。

✓ CHECK <u>037</u>

解答 ➡ p.254

次の文に that を入れるとしたら，どの単語のあとが適当ですか。

☐ (1) Cindy told me she wanted to go shopping with me.
☐ (2) I will tell the man he is wrong.

TRY! 表現力

自分がこれからだれかに伝えようと思うことを，**I will tell 人 that ～.** の形で表現してみましょう。

WORD LIST : have to, go home, clean the room, Japan, now, soon, today, leave

例 I will tell him that I have to leave Japan soon.

UNIT

3

〈be 動詞＋形容詞＋that 〜〉の文

Can-Do ▶ 接続詞 that を使い，自分の感情を，理由とともに表現できる。

基本例文

A: I'm glad that you came to my birthday party.
B: Thank you for inviting me. Happy birthday!

意味
A：ぼくの誕生日パーティーに来てくれてうれしいよ。
B：私を招待してくれてありがとう。誕生日おめでとう！

1 I'm glad that 〜. の文

I'm glad to see you again.
　　　　〈to＋動詞の原形〜〉
（私はまたあなたに会えてうれしいです。）
I'm glad that you came to see me again.
　　　　　　〈that＋主語＋動詞〜〉
（私はあなたがまた私に会いに来てくれてうれしいです。）

　〈be glad to＋動詞の原形〜〉で「〜してうれしい」という意味を表します（→p.86）。この形の〈to＋動詞の原形〜〉の部分に〈that＋主語＋動詞〜〉の形が入ることがあります。「〜（that 以下のこと）でうれしい」という意味です。この that も接続詞で，「ここから先がうれしい理由ですよ」という印です。

　また，この that も省略することができます。省略されても文全体の意味は変わりません。

2 glad 以外の形容詞

　〈be 動詞＋形容詞＋that＋主語＋動詞〜〉の形を作る形容詞は，glad 以外に次のようなものがあります。

> glad と同じように，that 〜 の形で感情の理由を表す形容詞がいろいろあるよ！

be afraid that ～	「～ではないかと思う［心配する］」
	「残念ながら～だ」
be happy that ～	「～でうれしい」
be sad that ～	「～で悲しい」
be sorry that ～	「～で残念だ」
	「～で申し訳ない」
be sure that ～	「きっと～だと思う［確信する］」
be surprised that ～	「～で驚く」

I'm afraid that **he won't come.**

（私は，彼は来ないのではないかと思います。）

I'm sorry that **you can't stay here longer.**

（私は，あなたがもっと長くここに滞在できなくて残念です。）

I'm sure that **she is Jenny's sister.**

（私は，きっと彼女はジェニーのお姉さんだと思います。）

もっと！

**I'm afraid that ～.
の使い方**

I'm afraid that ～. は，悪い知らせを伝えたり何かを断ったりするときなど，「残念ですが，～」と相手に言いづらいことをていねいに伝えるときによく使われる表現。
I'm afraid that I can't help you.
（残念ですが，あなたを手伝うことができません。）

POINT

❶ **be glad that ～** で「～でうれしい」という意味を表す。

❷ **that** は省略することができる。

❸ **afraid，sorry，sure** なども同じ文の形を作る。

CHECK 038

解答 → p.254

次の文に that を入れるとしたら，どの単語のあとが適当ですか。

☐ (1) I'm sorry Tom has to leave now.

☐ (2) Kana is sure our team will win the game.

TRY!
表現力

自分がうれしいと思う状況を，I'm glad that に続けて表現してみましょう。

WORD LIST : team, soccer game, finish, homework

例 I'm glad that my team won the soccer game.

UNIT
4

〈動詞＋疑問詞～〉の文

Can-Do ▷ 疑問詞を含む間接疑問の形で自分の考えや知識を伝えることができる。

基本例文

A: I know what you want.
　 I'll buy a dictionary for your birthday.
B: Dad, I want a new smartphone.

意味

A： お前が何をほしいかはわかっているぞ。誕生日に辞書を買ってあげよう。
B： パパ，私は新しいスマホがほしいの。

1 〈I know＋疑問詞＋主語＋動詞～.〉の文

I know your father.
　　　　　名詞
（私はあなたのお父さんを知っています。）
I know what you want.
　　　　〈疑問詞＋主語＋動詞〉
（私はあなたが何をほしいか知っています。）

　I know（私は知っている）の後ろに〈疑問詞＋主語＋動詞～〉の形
が続くことがあります。このような文を間接疑問といいます（➡
p.104）。このとき，疑問詞以下は know の目的語として 1 つの名詞
のような働きをしている名詞節です。

2 know 以外の動詞

　know 以外に〈疑問詞＋主語＋動詞～〉が後ろに続く動詞には，次
のようなものがあります。

learn	（習う，覚える）
remember	（覚えている）
understand	（理解する）
wonder	（不思議に思う，～かしらと思う）

もっと！

I wonder ～ の意味
〈I wonder＋疑問詞～.〉
は，軽い疑問を表すときに
よく使われる表現。日本語
で表すと「～かしら，～か
なあ」というニュアンス。
I wonder what I should
buy for Meg.
（メグに何を買ってあげる
べきかなあ。）

I remember when Shota came back to Japan.
（私は，ショウタがいつ日本に戻ってきたか覚えています。）

③ 時制の一致

I don't know where your cat is.
（私は，あなたのネコがどこにいるのか知りません。）
I didn't know where your cat was.
　過去形　　　　　　　　　　　　　└こちらも過去形に
（私は，あなたのネコがどこにいるのか知りませんでした。）
　　　　　　　　　　　　　└ここは過去の意味にしない

日本語には時制の
一致はないから注
意して。
英語と日本語を見
比べてみよう！

I think that 〜. の文と同様に，〈I know＋疑問詞〜.〉などの文
でも時制の一致が起こります。know が過去形のとき，疑問詞以下の
動詞も過去形になります。

🖐 POINT

❶ I know のあとに〈**疑問詞＋主語＋動詞〜**〉が続くことがあり，疑問詞以下は know
の目的語として**1つの名詞のような働き**をする。

❷ **learn, remember, understand, wonder** などもこの形の文を作る。

❸ 動詞が過去形のとき，**時制の一致**により，**that** 以下の動詞も過去形になる。

✓ CHECK 039

解答 ➜ p.254

（　　）内の語句を正しく並べかえましょう。
☐ ⑴ Do (where / you / lives / Kana / know)?
☐ ⑵ I (at home / why / wasn't / wonder / Tom).

TRY!
表現力

これからのことについて，「私は，○○がいつ〜するか知りません。」と言ってみましょう。

WORD LIST : arrive, call, come, finish, get married, leave

例　I don't know when my brother will come back home.

UNIT 5 〈動詞＋人＋疑問詞～〉の文

Can-Do ▶ 疑問詞を含む間接疑問の形で,「人が何を～するか」など説明することができる。

基本例文

A: Excuse me, but could you tell me where the restroom is?
B: It's over there.

意味
A：すみません，トイレがどこにあるか教えていただけませんか。
B：あそこですよ。

① 〈tell＋人＋疑問詞～〉の文

Please tell me the truth.
     tell 人 　　　名詞
（私に真実を教えてください。）

Please tell me where you will go.
     tell 人 　　疑問詞～
（私にあなたがどこへ行くつもりなのか教えてください。）

　〈tell＋人＋もの〉で「(人)に(もの)を伝える[教える]」という意味を表します（→p.73）。この形の〈もの〉の部分に〈疑問詞＋主語＋動詞～〉の形が入り，「(人)に(疑問詞以下のこと)を伝える[教える]」という意味になることがあります。この文も間接疑問です。疑問詞以下は，tell の目的語として１つの名詞のような働きをしている名詞節です。

My mother often asks me when I will come home.
         ask 人 　　　疑問詞～
（母は私に，私がいつ帰宅するかよくたずねます。）

　tell 以外に ask（たずねる）も同じ形の文を作ります。〈ask＋人＋疑問詞～〉で「(人)に(疑問詞以下のこと)をたずねる」という意味です。

 もっと！

〈tell[ask]＋人＋疑問詞～〉の言いかえ

〈tell[ask]＋人＋疑問詞～〉の文は，" "を使って実際に話した言葉で言いかえることができる。

My mother often asks me when I will come home.
→ My mother often asks me, "When will you come home?"
（母は私に「あなたはいつ帰宅するのですか」とよくたずねます。）

2 時制の一致

I will ask Saki why she is angry with me.
（私はサキに，彼女がなぜ私に怒っているのかたずねるつもりです。）

I asked Saki why she was angry with me.
　過去形　　　　　　　　　└こちらも過去形に
（私はサキに，彼女がなぜ私に怒っているのかたずねました。）
　　　　　　　　　　　　　　　└ここは過去の意味にしない

〈I know＋疑問詞〜.〉などの文と同様に，〈tell[ask]＋人＋疑問詞〜〉の文でも時制の一致が起こります。tell[ask] が過去形のとき，疑問詞以下の動詞も過去形になります。

POINT

❶ 〈tell＋人〉のあとに〈疑問詞＋主語＋動詞〜〉が続くことがあり，疑問詞以下は tell の目的語として1つの名詞のような働きをする。

❷ ask も同様に〈ask＋人＋疑問詞＋主語＋動詞〜〉の形を作る。

❸ 動詞が過去形のとき，時制の一致により that 以下の動詞も過去形になる。

CHECK 040

解答 → p.254

（　　）内の語句を正しく並べかえましょう。
- (1) Please (you / tell / when / will / me) call me.
- (2) Teru (I / asked / why / looked / me / happy).

TRY! 表現力

新学期，初めて同じクラスになった人がいます。I will ask her に続けてその人にたずねたいことを言いましょう。

WORD LIST：birthday, live, like

例　I will ask her when her birthday is. / I will ask her where she lives.

that や疑問詞で始まる節

UNIT **1** ┊ 〈動詞＋that 〜〉の文

> ## I think (that) koalas are cute.
> 私はコアラはかわいいと思います。

- 〈接続詞 that ＋主語＋動詞〜〉が名詞の働きをして，動詞の目的語になることがある。
- 接続詞 that は省略することができ，文の意味は変わらない。

> ## I hear that Yui is from Okinawa.
> 私は，ユイは沖縄出身だと聞いています。

- 接続詞 that が後ろに続く動詞には，think 以外にも，believe（信じる），find（わかる，気づく），hear（聞く），hope（望む），know（知っている），say（言う）などがある。

> ## I thought that your hat was nice.
> 私はあなたのぼうしはすてきだと思いました。

- 主節の動詞が過去形のとき，時制の一致により，that 以下の動詞も過去形になる。

UNIT **2** ┊ 〈動詞＋人＋that 〜〉の文

> ## She told me (that) she would come.
> 彼女は私に，彼女は来るつもりだと言いました。

- 〈tell ＋人＋that 〜〉で「（人）に〜だと言う［伝える］」という意味を表す（that は省略可能）。
- that 以下は，tell の目的語として 1 つの名詞のような働きをしている名詞節である。
- 主節の動詞が過去形のとき，時制の一致により，that 以下の動詞も過去形になる。

> ## This book teaches us that reading is important.
> この本は私たちに，読書は大切だと教えてくれます。

- 〈teach ＋人＋that 〜〉で「（人）に〜だと教える」という意味を表す。

UNIT **3** ┊ 〈be 動詞＋形容詞＋that 〜〉の文

> ## I'm glad (that) you came to my party.
> あなたが私のパーティーに来てくれてうれしいです。

- be glad that 〜 の形で「〜でうれしい」の意味を表す（that は省略可能）。

I'm sure (that) she is Jenny's sister.

彼女はきっとジェニーのお姉さんだと思います。

● 〈be 動詞＋形容詞＋that＋主語＋動詞〜〉の形を作る形容詞は，glad 以外にも，afraid（〜ではないかと思う［心配する］），sorry（〜で残念だ，〜で申し訳ない）などがある。

UNIT 4 〈動詞＋疑問詞〜〉の文

I know what you want.

私にはあなたが何をほしいかわかっています。

● 動詞 know のあとに〈疑問詞＋主語＋動詞〜〉の形（間接疑問）が続くことがある。
● 疑問詞以下は know の目的語として 1 つの名詞のような働きをする。
● 〈疑問詞＋主語＋動詞〜〉が後ろに続く動詞は，know 以外にも，learn（習う，覚える），remember（覚えている），understand（理解する）などがある。

I knew what you wanted.

私はあなたが何をほしいかわかっていました。

● 主節の動詞が過去形のとき，時制の一致により，疑問詞以下の動詞も過去形になる。

UNIT 5 〈動詞＋人＋疑問詞〜〉の文

Could you tell me where the restroom is?

トイレがどこにあるか私に教えていただけませんか。

● 動詞 tell のあとに〈人を表す語〉がきて，そのあとに〈疑問詞＋主語＋動詞〜〉の形が続くことがある。
● このとき，〈人を表す語〉が tell の 1 つ目の目的語，疑問詞以下が tell の 2 つ目の目的語になる。
● 疑問詞以下は，目的語として 1 つの名詞のような働きをする。

She often asks me what I want to eat.

彼女は私に何を食べたいのか，よくたずねます。

● ask（たずねる）も同様に，〈ask＋人＋疑問詞＋主語＋動詞〜〉の形を作る。

I asked Saki why she was angry.

私はサキに，彼女がなぜ怒っているのかたずねました。

● 主節の動詞が過去形のとき，時制の一致により，疑問詞以下の動詞も過去形になる。

定期テスト対策問題

解答 → p.254

問 1 文構造の理解

次の文に（　　）内の語が入る場所を 1 つ選び，記号を○で囲みなさい。

(1) Do you ア think イ Mary ウ is at home?　(that)

(2) Andy didn't ア tell イ that he loved ウ Cathy.　(me)

(3) I don't understand ア you イ say ウ .　(what)

(4) I'm sorry ア I can't come イ to your birthday ウ party.　(that)

(5) He ア asked me why イ Kate ウ angry yesterday.　(was)

問 2 〈動詞＋that ～〉の文

日本語に合うように，＿＿に適切な 1 語を入れなさい。

(1) 私は，彼が正直だということを知っています。
     I ＿＿＿＿＿＿＿＿ ＿＿＿＿＿＿＿＿ he is honest.

(2) 私は，彼女は具合が悪かったのだと信じています。
     I ＿＿＿＿＿＿＿＿ ＿＿＿＿＿＿＿＿ was sick.

(3) マークは私に会えてうれしいと言いました。
     Mark ＿＿＿＿＿＿＿＿ ＿＿＿＿＿＿＿＿ he was happy to see me.

(4) 私は，ジェニーが引っ越す予定だと聞きました。
     I ＿＿＿＿＿＿＿＿ ＿＿＿＿＿＿＿＿ Jenny was going to move.

(5) 私は，ルーシーが元気にやっていることを望んでいます。
     I ＿＿＿＿＿＿＿＿ Lucy ＿＿＿＿＿＿＿＿ doing well.

(6) 私は，彼はうそをついていないと思います。
     I ＿＿＿＿＿＿＿＿ ＿＿＿＿＿＿＿＿ he is telling a lie.

問 3 間接疑問を含む文

次の日本語を，（　　）内の語数の英語にしなさい。

(1) 私は，彼がほしがっているものを知りたいです。（7 語）

＿＿＿＿＿＿＿＿＿＿＿＿＿＿＿＿＿＿＿＿＿＿＿＿＿＿＿＿＿

(2) そのチケットをどうやって買えるか私に教えてくれますか。（10 語）

＿＿＿＿＿＿＿＿＿＿＿＿＿＿＿＿＿＿＿＿＿＿＿＿＿＿＿＿＿

問 4 〈動詞＋人＋that ～〉の文

日本語に合うように，（　）内の語句を並べかえなさい。

(1) 私は，あなたがプレゼントを買ったことを彼女に言うつもりはありません。

I won't (that / you / her / tell / bought) a present.

I won't ＿＿＿＿＿＿＿＿＿＿＿＿＿＿＿＿＿＿＿＿＿ a present.

(2) あなたは，あなたのお姉さんが結婚することを私に教えてくれませんでした。

You didn't (get married / tell / that / would / me / your sister).

You didn't ＿＿＿＿＿＿＿＿＿＿＿＿＿＿＿＿＿＿＿＿＿ .

(3) 彼は，自分がスペイン語を話せるとあなたに教えてくれましたか。

Did he (could / he / you / speak / tell / that) Spanish?

Did he ＿＿＿＿＿＿＿＿＿＿＿＿＿＿＿＿＿＿＿＿＿ Spanish?

問 5 〈be 動詞＋形容詞＋that ～〉の文

日本語に合うように，（　）内の語句を並べかえなさい。

(1) 私は，そのチームがその試合に勝って驚きました。

I (the team / was / won / that / surprised) the game.

I ＿＿＿＿＿＿＿＿＿＿＿＿＿＿＿＿＿＿＿＿＿ the game.

(2) 残念ながら，彼女は来ないのではないかと思います。

(she / come / afraid / that / I'm / won't).

＿＿＿＿＿＿＿＿＿＿＿＿＿＿＿＿＿＿＿＿＿ .

問 6 接続詞 that を含む文

次の対話文を読んで，下の問いに答えなさい。

Susan: ①I hear Ms. Smith is on a trip to Japan.

Ted:　②She often said she would visit Japan someday.　③I think she is staying in Kyoto now. And ④I'm sure she will buy something for us.

Susan: That sounds great.

(1) 下線部①②③④の文で，接続詞 that が省略されている部分の直前の語を書きなさい。

①＿＿＿＿＿　②＿＿＿＿＿　③＿＿＿＿＿　④＿＿＿＿＿

(2) 下線部④を日本語になおしなさい。

(　　　　　　　　　　　　　　　　　　　　　　　)

\ 現役先生方に聞いた！ /

あるある **誤答** ランキング

中学校の先生方が，「あるある！」と思ってしまう，生徒たちのよくありがちな誤答例です。「自分は大丈夫？」としっかり確認して，まちがい防止に役立ててください。

第 1 位　**問題**　次の（　　）内に適語を入れて英文を完成させなさい。
I know (　　　　) you want.

I know <u>that</u> you want.　✕

正しい英文： **I know what you want.**

want の後ろには目的語が必要です。what（何を）という疑問詞を入れることで「あなたが何を欲しがっているか知っています」という意味の英文が成立します。

第 2 位　**問題**　次の日本文を英語に直しなさい。
あなたは彼が正直だと思いますか。

Do you think that <u>is he</u> honest?　✕

正しい英文： **Do you think that he is honest?**

that 節の中は肯定文（主語＋動詞）の語順です。文全体が疑問文であっても同様です。

第 3 位　**問題**　次の日本文に合う英文になるように，空所に適語を入れなさい。
あなたが6時より前に帰ってくるとは知りませんでした。

I didn't know that you (<u>are</u>) coming home before 6.　✕

正しい英文： **I didn't know that you were coming home before 6.**

〈主節＋従属節〉という形の文では，主節（文の前半）の動詞が過去形で表されているとき，従属節（文の後半）の動詞もそれに合わせて過去形になります。

KUWASHII

ENGLISH

中3英語

8 章

分詞

基本例文
の音声はこちらから

008

それぞれの英語表現が,
実際の場面ではどのよ
うに使われるのかチェ
ックしておこう!

UNIT

1 現在分詞と過去分詞

Can-Do 分詞の働きを理解し，表現に活用することができる。

基本例文

A: That running boy is Ryo, right?
What's his favorite food?
B: He loves boiled eggs.

意味

A：あの走っている男の子はリョウだよね？　彼が好きな食べ物は何？
B：彼はゆでたまご［ゆでられたたまご］が大好きなの。

1 現在分詞

分詞とは，動詞が変化した形のことで，現在分詞と過去分詞の2種類があります。

現在分詞は，動詞の原形に ing をつけた形です。「～している」という意味を表し，次のような使い方があります。

① 進行形を作る（→p.16）

Mike is cooking lunch in the kitchen now.
　　　　be 動詞＋～ ing（現在分詞）
（マイクは今，台所で昼食を作っています。）

② 名詞を修飾する（→p.132）

　　　名詞　　～ ing（現在分詞）
The boy cooking lunch in the kitchen is Mike.
　　　　　　　　名詞を修飾
（台所で昼食を作っている男の子はマイクです。）

2 過去分詞

過去分詞は，動詞の原形に ed をつけた形または不規則に変化した形で，動詞によって異なります。使い方は次のようなものがあります。

注意

ing 形の作り方

大多数の動詞は原形にそのまま ing をつけるが，語尾によっては語尾を少し変えてから ing をつけるものもある（→p.16）。

注意

動名詞も ～ing

動詞の ing 形には現在分詞の他に動名詞がある。形は同じだが使い方と意味は大きく異なる。動名詞は「～すること」という意味で，名詞の働きをする。

① 受け身の文を作る（→p.34）

These pictures were taken in Kyoto.
　　　　　　　be 動詞＋過去分詞
（これらの写真は京都で撮られました。）

② 現在完了を作る（→p.49）

I have taken pictures in Kyoto many times.
　have＋過去分詞
（私は何度も京都で写真を撮ったことがあります。）

③ 名詞を修飾する（→p.134）

　　　　　　　　　名詞　　　過去分詞
These are the pictures taken in Kyoto.
　　　　　　　　　　┗━━━┛ 名詞を修飾
（これらは京都で撮られた写真です。）

注意

規則動詞と不規則動詞

規則動詞の過去分詞は過去形と同じく原形の語尾にed をつける（→p.15）。不規則動詞の過去分詞は動詞によって形が異なる（→p.244）。

8
章

分詞

不規則動詞の活用表は p.244 にあるよ！

POINT

1 分詞には，**現在分詞**と**過去分詞**の 2 種類がある。

2 現在分詞は **〜ing** の形で，**進行形**を作ったり**名詞を修飾**したりする。

3 過去分詞は **〜ed** または不規則に変化した形で，**受け身**や**現在完了**を作ったり**名詞を修飾**したりする。

CHECK 041

解答 → p.255

日本語を参考に，（　　）内の動詞を適切な形に直しましょう。

□ (1) Look at this (break) window.　この割れた［割られた］窓を見なさい。

□ (2) Who is that (run) man?　あの走っている男の人はだれですか。

TRY!
表現力

「あの〜している女の子は○○です。」と〈分詞＋名詞〉を使って説明しましょう。

WORD LIST：dancing, running, singing, sleeping, swimming

例　That dancing girl is Mami.

UNIT 2 名詞を修飾する現在分詞

Can-Do ▶ 現在分詞を使って，人やものをくわしく説明できる。

基本例文

A: Who is the girl talking with Mark?
B: She is John's girlfriend.

意味
A：マークと話している女の子はだれ？
B：ジョンのガールフレンドよ。

1 「～している…」

現在分詞（動詞の ing 形）は，「～している…」の意味で名詞を修飾することができます。名詞を修飾する働きは形容詞と同じなので，現在分詞のこの働きを「形容詞用法」と呼ぶことがあります。

2 〈名詞＋現在分詞＋語句〉

Do you know the girl?
（あなたはその女の子を知っていますか。）

　　　　　　　名詞　　　　現在分詞＋語句
Do you know the girl talking with Mark?
　　　　　　　　　　　　┗━━━━┛ 名詞を修飾
（あなたはマークと話している女の子を知っていますか。）

現在分詞は，後ろに続く語句といっしょになって（talking with Mark），前の名詞を修飾するカタマリ（the girl talking with Mark）となります。このカタマリは全体で名詞と同じですので，文の主語（下の例），目的語，補語などになります。

　　　　名詞　　　現在分詞＋語句
The girl talking with Mark is Nancy.
　　┗━━━┛ 名詞を修飾
（マークと話している女の子はナンシーです。）

もっと！

形容詞化した現在分詞

もともと現在分詞（動詞の ing 形）だったものが形容詞になった例もある。以下のような語は，辞書にも形容詞として載っている。

・exciting（わくわくする）
・interesting
　（おもしろい）
・surprising（驚くべき）
　　　　　　　　　　など

3 〈現在分詞＋名詞〉

形容詞 名詞
Look at that tall girl.
┗━━┛↟名詞を修飾
（あの背の高い女の子を見なさい。）

現在分詞　名詞
Look at that <u>running</u> girl.
┗━━┛↟名詞を修飾
（あの走っている女の子を見なさい。）

現在分詞が１語だけで名詞を修飾するときは，形容詞と同じように名詞の前に置かれて後ろの名詞を修飾します。

形容詞と同じ
使い方をする
んだね！

POINT

❶ 現在分詞（動詞の ing 形）は，**名詞を修飾**することができる。

❷ 〈現在分詞＋語句〉のカタマリで，**後ろから前の名詞を修飾**する。

❸ 現在分詞が **１語**だけで名詞を修飾するときは，**名詞の前**に置かれる。

CHECK 042

解答 ➡ p.255

（　　）内の語句はどの単語のあとに入れるのが適切か，答えましょう。

☐ (1) The girl is my sister.　(reading over there)

☐ (2) Do you know that girl?　(singing)

TRY!
表現力

友だちについて，「〜している男の子は私の友だちの○○です。」と説明しましょう。

WORD LIST : clean the classroom, play the piano, read a book, talk with a girl,
wear a red cap

例　The boy wearing a red cap is my friend Yuji.

UNIT

3 名詞を修飾する過去分詞

Can-Do ▶ 過去分詞を使って，人やものをくわしく説明できる。

基本例文

A: This is a picture painted by Picasso.
B: It's beautiful!

意味 | A：これはピカソによって描かれた絵だよ。
B：きれいね！

1 「～された［されている］…」

過去分詞は，「～された［されている］…」の意味で名詞を修飾することができます。名詞を修飾する働きは形容詞と同じなので，過去分詞のこの働きを「形容詞用法」と呼ぶことがあります。

2 〈名詞＋過去分詞＋語句〉

This is a picture.
（これは絵です。）

名詞　　　　　過去分詞＋語句
This is a picture painted by David.
　　　　　　┗━━━━━━┛ 名詞を修飾
（これはデイビッドによって描かれた絵です。）

過去分詞は，後ろに続く語句といっしょになって（painted by David），前の名詞を修飾するカタマリ（a picture painted by David）となります。このカタマリは全体で名詞と同じですので，文の主語（下の例），目的語，補語などになります。

名詞　　　　過去分詞＋語句
The picture painted by David is beautiful.
　　　　┗━━━━━┛ 名詞を修飾
（デイビッドによって描かれたその絵はきれいです。）

もっと！

形容詞化した過去分詞

もともと動詞の過去分詞だったものが形容詞になった例もある。以下のような語は，辞書にも形容詞として載っている。

・excited（わくわくした）
・interested
　（興味を持った）
・surprised（驚いた）
　　　　　　　　　など

③ 〈過去分詞＋名詞〉

形容詞　　名詞
Look at that large window.
　　　　　　　　　┗━━━┛↟名詞を修飾
（あの大きな窓を見なさい。）

過去分詞　　　名詞
Look at that broken window.
　　　　　　　　　┗━━━┛↟名詞を修飾
（あの割れた［割られた］窓を見なさい。）

過去分詞が１語だけで名詞を修飾するときは，形容詞と同じように名詞の前に置かれて後ろの名詞を修飾します。

「～された」のように受け身の意味を表すよ。

👆 POINT

① 過去分詞は，**名詞を修飾**することができる。

② 〈過去分詞＋語句〉のカタマリで，**後ろから前の名詞を修飾**する。

③ 過去分詞が**１語**だけで名詞を修飾するときは，**名詞の前**に置かれる。

✓ CHECK 043

解答 ➡ p.255

（　　）内の語句はどの単語のあとに入れるのが適切か，答えましょう。

☐ ⑴ This is the table.　(made by my cousin)

☐ ⑵ I want to eat fish.　(cooked)

TRY!
表現力

外国の製品について，「私は～で作られた…を持っています。」と説明しましょう。

WORD LIST：bag, bike, computer, shirt, shoes, smartphone, watch

例　I have a shirt made in Italy.

分詞

UNIT 1 現在分詞と過去分詞

Mike is cooking lunch.

マイクは昼食を作っています。

● 現在分詞は〜 ing の形で，進行形を作る。

The boy cooking lunch is Mike.

昼食を作っている男の子はマイクです。

● 現在分詞は〜 ing の形で，名詞を修飾する。

These pictures were taken in Kyoto.

これらの写真は京都で撮られました。

● 過去分詞は，受け身を作る。

I have already taken pictures in Kyoto.

私はすでに京都で写真を撮りました。

● 過去分詞は，現在完了を作る。

These are the pictures taken in Kyoto.

これらは京都で撮られた写真です。

● 過去分詞は，名詞を修飾する。

8章 分詞

UNIT 2 　名詞を修飾する現在分詞

Who is the girl talking with Mark?

マークと話している女の子はだれですか。

- 現在分詞（動詞の ing 形）は，「～している」の意味で，名詞を修飾することがある。
- 〈現在分詞＋語句〉のカタマリで，後ろから前の名詞を修飾する。

Look at that running girl.

あの走っている女の子を見なさい。

- 現在分詞が 1 語だけで名詞を修飾するときは，名詞の前に置く。

The boy running in the park is my son.

公園を走っている男の子は私の息子です。

- 〈現在分詞＋語句〉で名詞を後ろから修飾してひとかたまりになるときは，どこまでがそのカタマリかに注意する。

UNIT 3 　名詞を修飾する過去分詞

This is a picture painted by Picasso.

これはピカソによって描かれた絵です。

- 過去分詞は，「～された［されている］」の意味で，名詞を修飾することがある。
- 〈過去分詞＋語句〉のカタマリで，後ろから前の名詞を修飾する。

Look at that broken window.

あの割れた［割られた］窓を見なさい。

- 過去分詞が 1 語だけで名詞を修飾するときは，名詞の前に置く。

The story written by Nancy is fun.

ナンシーによって書かれた話はおもしろいです。

- 〈過去分詞＋語句〉で名詞を後ろから修飾してひとかたまりになるときは，どこまでがそのカタマリかに注意する。

定期テスト対策問題

解答 → p.255

問 1 現在分詞と過去分詞

日本語に合うように，（　　）内の語を適する形にして＿＿＿に入れなさい。

(1) あなたは，ギターを弾いている男の子を知っていますか。

Do you know the boy ＿＿＿＿＿＿＿ the guitar?　(play)

(2) 割られた窓に触れてはいけません。

Don't touch the ＿＿＿＿＿＿＿ window.　(break)

(3) その絵を見ている女の子があなたに会いたがっています。

The girl ＿＿＿＿＿＿＿ at the picture wants to meet you.　(look)

問 2 文構造の理解

例にならって，波線の単語を修飾している部分に下線を引きなさい。

例　Look at the girl talking with Mark.

(1) I like boiled eggs.

(2) Look at the cat sleeping on the tree.

(3) The boy playing the guitar in the music room is my friend.

問 3 分詞の位置

次の文に（　　）内の語が入る場所を 1 つ選び，記号を○で囲みなさい。

(1) I ア visited イ an old ウ castle エ two hundred years ago.　(built)

(2) Do ア you イ know ウ the girl エ on the bench?　(sitting)

(3) Who ア is イ that ウ girl エ?　(crying)

(4) Do ア you イ collect ウ leaves エ?　(fallen)

問 4 分詞の意味

次の英語を，下線部に注意して日本語にしなさい。

(1) All *goods sold in this shop are one hundred yen.　　　＊goods 商品

(　　　　　　　　　　　　　　　　　　　　　　　)

(2) Who is the boy standing at the door?

(　　　　　　　　　　　　　　　　　　　　　　　)

(3) That dancing girl is my sister.

(　　　　　　　　　　　　　　　　　　　　　　　)

問 5 分詞を使った文への書きかえ

次の 2 文がほぼ同じ意味を表すようにするとき，＿＿＿に適切な 1 語を入れなさい。

(1) Do you know the boy? He is talking to Jane.

Do you know the boy ＿＿＿＿＿＿＿ ＿＿＿＿＿＿＿ Jane?

(2) The picture is fantastic. It was painted by Basquiat forty years ago.

The picture ＿＿＿＿＿＿＿ ＿＿＿＿＿＿＿ Basquiat forty years ago

＿＿＿＿＿＿＿ fantastic.

(3) Eight dogs are playing in the field. They are mine.

The eight dogs ＿＿＿＿＿＿＿ in the field ＿＿＿＿＿＿＿ mine.

(4) I will show you the window. Your brother broke it.

I will show you the window ＿＿＿＿＿＿＿ ＿＿＿＿＿＿＿ your brother.

問 6 分詞を使った文の語順

日本語に合うように，（　　）内の語句を並べかえなさい。ただし，不要な語が 1 語ずつあります。

(1) 私は公園で本を読んでいるその少年を知っています。

(in / know / the / the / reading / boy / I / read / park).

＿＿＿＿＿＿＿＿＿＿＿＿＿＿＿＿＿＿＿＿＿＿ .

(2) 私は英語で書かれた手紙を受け取りました。

(I / writing / a letter / English / got / in / written).

＿＿＿＿＿＿＿＿＿＿＿＿＿＿＿＿＿＿＿＿＿＿ .

(3) 私の兄は昨日，中古車を買いました。

(a / car / brother / bought / used / my / using) yesterday.

＿＿＿＿＿＿＿＿＿＿＿＿＿＿＿＿＿ yesterday.

問 7 英作文

次の日本語を，（　　）内の語数の英語にしなさい。

(1) カナダで話されている言語は英語とフランス語です。（9 語）

(2) ケイト (Kate) によって作られたそのケーキはおいしかったです。（7 語）

(3) 窓の外を見て (look out of) いるその少女がリサ (Lisa) です。（9 語）

\ 現役先生方に聞いた！ /

あるある 誤答 ランキング

中学校の先生方が，「あるある！」と思ってしまう，生徒たちのよくありがちな誤答例です。「自分は大丈夫？」としっかり確認して，まちがい防止に役立ててください。

第 1 位　**問題**　次の日本文を英語に直しなさい。
私は木下先生と話しているその少年を知っています。

I know <u>the talking boy with Mr. Kinoshita</u>.

あるある！

正しい英文：　**I know the boy talking with Mr. Kinoshita.**

talking with Mr. Kinoshita（木下先生と話している）が boy（少年）を修飾しています。2 語以上が名詞を修飾するときは，名詞の後ろに修飾語句が来ます。

第 2 位　**問題**　The girl is my sister. に以下の語句を入れて新たな文を完成させなさい。
playing tennis over there

The girl is my sister <u>playing tennis over there</u>.

あるある！

正しい英文：　**The girl playing tennis over there is my sister.**

The girl is my sister playing tennis over there. は意味として不自然です。意味を考えると，girl の後ろに修飾語句を付けるのが適切だと分かります。

第 3 位　**問題**　次の日本文を英語に直しなさい。
これは，2000年に撮られた写真です。

This is a picture <u>taking</u> in 2000.

あるある！

正しい英文：　**This is a picture taken in 2000.**

「2000年に撮られた写真」という意味であることから take は過去分詞にします。

140

KUWASHII

ENGLISH

9章

中3英語

関係代名詞

基本例文
の音声はこちらから

009

それぞれの英語表現が，実際の場面ではどのように使われるのかチェックしておこう！

UNIT 1　関係代名詞の働き

Can-Do ▶ 関係代名詞の働きを理解し，表現に活用することができる。

基本例文

A: Do you know that girl who has long hair?
B: Yes, of course.　She is my sister.

意味
A ： 長い髪をしたあの女の子，知ってる？
B ： うん，もちろん。彼女は私の妹よ。

1 関係代名詞とは

　関係代名詞は，名詞を後ろから修飾する「節」を作る働きをします。上の文では，that girl という名詞を who has long hair という節が修飾しています。

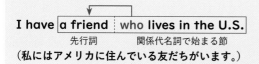

I have a friend who lives in the U.S.
　　　　　先行詞　　　　関係代名詞で始まる節
（私にはアメリカに住んでいる友だちがいます。）

　関係代名詞で始まる節は，後ろから直前の名詞に説明を加えます。説明される名詞を先行詞といいます。先行詞と関係詞節はカタマリになって名詞と同じ働きをします。

　また，関係代名詞で始まる節は形容詞節です。名詞を修飾するという1つの形容詞のような働きをしているからです。

2 日本語と英語のちがい

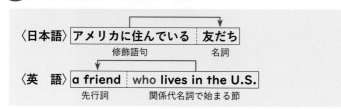

〈日本語〉アメリカに住んでいる　友だち
　　　　　　修飾語句　　　　　　名詞

〈英　語〉a friend who lives in the U.S.
　　　　　先行詞　　　関係代名詞で始まる節

用語解説

節
〈主語＋動詞〉を含む2語以上のまとまりが，文の一部になっているものを「節」という。節には，その働きによって名詞節，形容詞節，副詞節があり，関係代名詞で始まる節は形容詞節である。

日本語では，修飾語句は名詞の前に置かれて前から後ろの名詞を修飾します。これに対し英語では，修飾語句（＝関係代名詞で始まる節）は名詞の後ろに置かれ，後ろから前の名詞（＝先行詞）を修飾します。

注意

後ろから名詞を修飾

これまでに学習した中で，後ろから名詞を修飾するものには以下のようなものがある。

● 〈前置詞＋語句〉
a book on the desk

（机の上の本）

● 不定詞（形容詞的用法）
homework to do

（するべき宿題）

● 〈分詞＋語句〉
a boy running over there

（向こうを走っている少年）

3　関係代名詞の種類と文中での役割

　関係代名詞は，関係代名詞で始まる節の中で**主語の働きをする場合**（主格）と，**目的語の働きをする場合**（目的格）があります。また，先行詞が「人」か「人以外（ものやこと，動物など）」かによって使う単語が異なります。

　関係代名詞の種類をまとめると，以下のようになります。

先行詞	関係代名詞
人	who または that
人以外（ものやこと，動物）	which または that

POINT

❶ 関係代名詞は，**名詞を後ろから修飾する「節」を作る**役割をする。

❷ 関係代名詞で始まる節によって修飾される名詞を，**先行詞**という。

❸ 先行詞が「人」か「人以外」かによって，**使う関係代名詞は異なる。**

CHECK 044

解答 → p.256

下線部の関係代名詞に注意して，日本語になおしましょう。

☐ ⑴ I know a man <u>who</u> speaks French well.

☐ ⑵ This is the picture <u>which</u> I took yesterday.

TRY!
表現力

関係代名詞whoを使って，「私には～する［できる］友だちがいます」と紹介してみましょう。

WORD LIST：who, play the guitar well, can run fast

例　I have a friend who plays the guitar well.

9
章
関係代名詞

UNIT
2

主格の関係代名詞 who

Can-Do ▶ 関係代名詞 who を表現に活用することができる。

基本例文

A: The tall man who is wearing glasses is my father.
B: Oh, really? I didn't know that.

意味
A：メガネをかけているその背の高い男の人は私の父よ。
B：えっ，本当？　それは知らなかったな。

1 関係代名詞 who の使い方

I know a student | who speaks Chinese well .
　　　　　　　　　　　主語　　動詞
先行詞「人」　　関係代名詞 who で始まる節

（私は 中国語を上手に話す 生徒 を知っています。）

　関係代名詞 who は，先行詞が「人」のときに使われます。また，who は，who で始まる節の中で主語の働きをします。この働きを主格といいます。語順は，〈先行詞「人」＋ who ＋（助）動詞〉となります。

2 who のあとの動詞の形

　主格の関係代名詞 who で始まる節の動詞の形は，先行詞の人称・数に合わせます。

That is a girl who plays the piano well.
　　　　3人称単数　　動詞に s がつく

（あれはピアノを上手に弾く女の子です。）

　who で始まる節の内容が現在の話で，先行詞が 3 人称単数のときには who のあとの動詞に s がつきます。

先行詞が 3 人称単数で動詞が現在形のときは，s を忘れないで！

I have a lot of friends who are good at English.
複数　　　　　be 動詞は are

（私には英語が得意な友だちがたくさんいます。）

who で始まる節の動詞が be 動詞の場合，先行詞に合わせて be 動詞を使い分けます。

もっと！

**関係代名詞から始まる
カタマリ**

英語では，関係代名詞節のように名詞を後ろから修飾することがある。先行詞と関係代名詞節がひとかたまりになるので，このカタマリを見つけるのが大切だ。

③ 先行詞が文の主語の場合

The boy who is talking with Lisa is my brother.
先行詞＝主語　　関係代名詞 who で始まる節　　動詞

（リサと話している男の子は私の弟です。）

先行詞が文の主語の場合，文の動詞（上の例だと is my brother の is）とは離れるので注意しましょう。大切なのは the boy who is talking with Lisa でひとかたまりであることを見極めることです。

POINT

❶ 関係代名詞 who は，先行詞が「人」のときに使われ，**主語の働き**をする。

❷ 関係代名詞 who のあとに続く動詞の形は，**先行詞の人称・数に合わせる**。

❸ **先行詞が文の主語**の場合，関係代名詞で始まる節が**文の途中**に入る。

CHECK 045

解答 → p.256

下線部の関係代名詞に注意して，日本語になおしましょう。

- ☐ (1) That is a boy <u>who</u> speaks five languages.
- ☐ (2) The teacher <u>who</u> teaches us English is Mr. Saito.

**TRY!
表現力**

「こちらは〜です。彼[彼女]は…する○○です。」と関係代名詞を使って，身近な人を紹介してみましょう。

WORD LIST：who, teacher, student, swim very fast, cook well

例 This is my sister, Aya. She is a student who swims very fast.

UNIT
3

主格の関係代名詞 which，that

Can-Do ▶ 主格の関係代名詞 which，that を表現に活用することができる。

基本例文

A: How can we go home?
B: Look! That is the train which goes to Yokohama.

意味

A：ぼくたち，どうやって帰ればいいの？
B：見て！　あれが横浜へ行く電車だわ。

1 関係代名詞 which の使い方

主語　　動詞
I have | a dog | which runs very fast | .
先行詞「人以外」　関係代名詞 which で始まる節

（私は | とても速く走る | 犬 | を飼っています。）

　関係代名詞 which は，先行詞が「人以外」のときに使われます。また，この which は，which で始まる節の中で主語の働きをします。この働きを主格といいます。語順は，〈先行詞「人以外」＋which＋（助）動詞〉となります。

2 which のあとの動詞の形

　主格の which で始まる節の動詞は，先行詞の人称・数に合わせます。

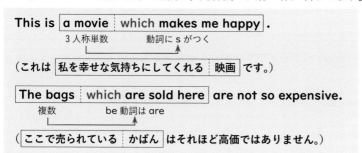

This is | a movie | which makes me happy | .
3人称単数　　　　動詞に s がつく

（これは | 私を幸せな気持ちにしてくれる | 映画 | です。）

| The bags | which are sold here | are not so expensive.
複数　　　　be 動詞は are

（ここで売られている | かばん | はそれほど高価ではありません。）

> **注意**
>
> **動物でも who ？**
>
> 先行詞が「人以外」のときは，関係代名詞は which を使うのがふつうだが，家族同様に思っているペットなどに対しては who が使われることもある。
> The dog who is running over there is mine.
> （向こうで走っている犬は，私のです。）

③ 関係代名詞 that の使い方

I have | a lot of books | that are written in French |.
　　　　先行詞「人以外」┘　　　　└which でもよい
（私は | フランス語で書かれている | たくさんの本 | を持っています。）

I know | a girl | that speaks French |.
　　　　先行詞「人」┘　　└who でもよい
（私は | フランス語を話す | 女の子 | を知っています。）

関係代名詞 that は，先行詞が「人」「人以外」のどちらの場合でも使うことができます。つまり，主格の who や which の代わりに使うことができます。

また，who や which の場合と同様，that で始まる節の動詞の形は，先行詞の人称・数にそろえます。

接続詞 that との区別

① I know **that** she is kind.
　（私は彼女が親切だということを知っています。）
② I know the boy **that** is kind to everyone.
　（私はみんなに親切なその少年を知っています。）
①の that は直前に先行詞となる名詞がないので，「～ということ」という意味の名詞節を作る接続詞。
②の that は直前の名詞 the boy を先行詞として，これを修飾する関係代名詞。

9
章
関係代名詞

POINT

❶ 関係代名詞 which は，先行詞が「人以外」のときに使われ，主語の働きをする。

❷ 関係代名詞 which のあとに続く動詞の形は，**先行詞の人称・数に合わせる。**

❸ 関係代名詞 that は，先行詞が「人」「人以外」のどちらにも使える。

CHECK <u>046</u>

解答 → p.256

（　　）内の適切なものを選びましょう。

☐ (1) I know a girl (which, that) runs very fast.

☐ (2) I have an interesting book (who, that) was written by my uncle.

TRY! 表現力

関係代名詞を使って，「これは～する○○です。」と表現してみましょう。

WORD LIST：which, that, bird, book, have many pictures, live only in Asia など

例 This is a bird which lives only in Asia.

UNIT 4 目的格の関係代名詞 which，that

Can-Do ▶ 目的格の関係代名詞 which, that を表現に活用することができる。

基本例文

A: The key which I saw yesterday had a Pokémon picture on it.
B: That's the key that I have been looking for!

意味
A：昨日私が見たカギはポケモンの絵がついてたよ。
B：それ，ぼくがずっと探してたカギだよ！

1 目的語の働きをする関係代名詞 which

```
                           ┌主語      ┌動詞
This is the car which │my father │uses │ every day.
   先行詞「人以外」          関係代名詞 which で始まる節
（これは私の父が毎日使う 車です。）
```

　先行詞が「人以外」のときに使われる関係代名詞 which は，後ろに〈主語＋動詞〜〉の形が続くことがあります。この which は，which で始まる節の中で動詞の**目的語の働き**をします。この働きを目的格といいます。語順は，〈先行詞「人以外」＋which＋主語＋（助）動詞〉となります。which は主格としても目的格としても使うことができる関係代名詞です。

2 目的語の働きをする関係代名詞 that

```
This is a book that my father gave me.
 先行詞「人以外」┘    └which でもよい
（これは私の父が私にくれた本です。）
```

　主格のときと同様，目的格の which の代わりに that を使うことができます。つまり that も，主格としても目的格としても使うことができる関係代名詞です。

もっと！

前置詞の位置

目的格の関係代名詞の前に前置詞がくっついて出てくることもある。

① This is the book which I talked **about** yesterday.

② This is the book **about** which I talked yesterday.

（これは私が昨日話した本です。）

①の文は前置詞 about が後ろに残った形。②は前置詞 about が関係代名詞 which の前にくっついた形。どちらも同じ意味を表す。ただし，②の文は堅い表現で，話しことばではあまり使われない。

He is the boy that **I met at the party.**
先行詞「人」┘   └which は使えない
（彼は私がパーティーで会った男の子です。）

　関係代名詞が目的語の働きをするとき，先行詞が「人」だと which は使えないので that を使います。that は主格と同様，先行詞が「人」「人以外」のどちらの場合でも使うことができます。

③ 関係代名詞 who で代用する

She is the girl who **I saw on the train.**
先行詞「人」┘   └who で代用
（彼女は私が電車で見かけた女の子です。）

　先行詞が「人」の場合，本来は目的格の関係代名詞（whom）を使うべきところでも who を使うことがあります。特に話しことばでは，多くの場合 who を使います。

目的格の関係代名詞 whom とは？

先行詞が「人」のときに使える目的格の関係代名詞は本来 whom である。しかし，今では堅い文章でしか使われなくなっている。話しことばでは that や who を使うのがふつう。

9 章 関係代名詞

POINT

❶ 関係代名詞 which は，目的語の働きをする**目的格**としても使われる。

❷ 関係代名詞 that は，**目的格**としても先行詞が「**人**」「**人以外**」の両方で使われる。

❸ 先行詞が「人」のときの目的格の関係代名詞は，**who で代用**することもある。

✓ CHECK 047

解答 → p.256

（　　）内の適切なものを選びましょう。

☐ (1) This is the book (who, which) my mother likes the best.

☐ (2) Maki is talking with a boy (which, that) I saw at the library.

TRY!
表現力

関係代名詞を使って，「彼は私が〜する○○です。」と表現してみましょう。

WORD LIST：who, that

....

（例）He is a famous singer who [that] I like the best.

UNIT
5

関係代名詞の見分け方と省略

Can-Do ▶ 目的格の関係代名詞を省略した形で表現することができる。

基本例文

A: Do you know this novel?
B: Yes. It's the novel my aunt wrote.

意味
A：この小説を知ってる？
B：ええ。それ，私のおばが書いた小説よ。

1 関係代名詞の見分け方

〔主格の関係代名詞〕

┌動詞
This is the dog which |helped| the boy.
　　　　　　先行詞　　　関係代名詞
（これはその少年を助けた犬です。）

〔目的格の関係代名詞〕

　　　　　　　　　　　　主語┐ ┌動詞
This is the dog which |I| |saw| yesterday.
　　　　　　先行詞　　　関係代名詞
（これは昨日私が見た犬です。）

　関係代名詞の働きは，後ろに続く語句を見て見分けることができます。関係代名詞の後ろに動詞が続いているときは，その関係代名詞は主語の働きをしている主格です。それに対し，関係代名詞の後ろに〈主語＋動詞〉と続いているときは，その関係代名詞は目的語の働きをしている目的格です。

whichやthatは
主格にも目的格に
もなるから，しっ
かり見分けよう！

注意

関係代名詞の種類

ここで関係代名詞の種類をおさらいしておこう。

先行詞	主格	目的格
人	who (that)	that (who)
人以外	which または that	which または that

② 関係代名詞の省略

This is the T-shirt (which) I bought last week.

先行詞 ──── 主語 ──── 動詞 ──── 目的格の関係代名詞は省略できる

（これは私が先週買った T シャツです。）

目的格の関係代名詞は省略することができます。つまり、関係代名詞を省略すると、〈名詞（先行詞）＋主語＋動詞〜〉の形になります。関係代名詞を省略しても意味は変わりません。

This is the bus which goes to the City Hospital.

先行詞 ──── 動詞 ──── 主格の関係代名詞は省略できない

（これは市立病院へ行くバスです。）

それに対し、主格の関係代名詞は省略することはできません。

もっと！

接触節

目的格の関係代名詞が省略された〈名詞（先行詞）＋主語＋動詞〜〉の形を「接触節」と呼ぶことがある。

逆に言うと、省略してみて、その部分だけで文が成立してしまったら（左の文例 the bus goes to the City Hospital）、前の部分とつながらなくなってしまうので省略できないということだよ。

9 章 関係代名詞

☞ POINT

❶ 関係代名詞の**後ろに続く語句で、主格か目的格かを見分ける**ことができる。

❷ **目的格**の関係代名詞は、**省略することができる。**

❸ 目的格の関係代名詞が**省略されても、文の意味は変わらない。**

✓ CHECK 048

解答 ➡ p.256

（　　）内の語句を正しく並べかえましょう。

☐ (1) Is this (lost / the watch / you) yesterday?

☐ (2) (Mary / who / talking / is / with / the man) is Mr. Brown.

TRY! 表現力

関係代名詞を用いて、「これは〜する○○です。」と表現してみましょう。

WORD LIST : computer, racket, bike

例 This is the racket which I used in badminton.

関係代名詞 that の特別な用法

UNIT ⑥

Can-Do ▶ 関係代名詞 that のほうがふさわしい場合を知り，適切に使うことができる。

基本例文

A: Look! That picture is very beautiful!
B: That's the most beautiful picture that I have ever seen.

意味
A：見て！　あの絵，とてもきれいね！
B：あれはぼくが今まで見た中でいちばんきれいな絵だ。

① 先行詞に最上級の形容詞など限定する語がつく

先行詞に特別な限定語句（first，last，only など）がつく場合，関係代名詞は who や which よりも **that** が好まれます。

Amy is <u>the tallest girl</u> that I have ever met.
　　　　　　　最上級
（エイミーは私が今まで出会った中でいちばん背の高い女の子です。）

最上級の形容詞のほか，先行詞に次のような語句がついている場合も，関係代名詞は that が好まれます。

the first（最初の）	the second（2番目の）
the last（最後の）	the only　（唯一の）
the very（まさにその）	the same　（同じ）
all　　（すべての）	every　　（すべての）
any　　（何か，どんな〜も）	no　　　（少しも〜ない）など

This is <u>the only question</u> that I can't understand.
（これは私が理解できない唯一の問題です。）

注意

「人」なら who もアリ

先行詞に最上級の形容詞などがついていても，先行詞が「人」の場合は who が使われることもある。
He was the first Japanese who climbed Mt. Fuji.
（彼は富士山に登った最初の日本人です。）

② 先行詞が –thing や –one の語

Everyone that I met there was very kind.
└ –one の語
（私がそこで会った人はみなとても親切でした。）

③ 先行詞が〈人 and 人以外〉

Can you see the girl and her dog that are running there?
        〈人 and 動物〉
（あそこで走っている少女と犬が見えますか。）

④ 疑問詞の who, which で始まる疑問文

Who is the man that is talking with your sister?
└ 疑問詞 Who
（あなたの妹［姉］と話をしている男性はだれですか。）

注意

重複を避ける

左側の④のように，疑問詞で始まる疑問文の中で関係代名詞 that が好まれるのは，who や which の重複を避けるためである。

POINT

① 先行詞やその前につく語によっては，関係代名詞は **that** が好まれる場合がある。

② 疑問詞の **who** や **which** で始まる疑問文でも，関係代名詞は **that** が好まれる。

CHECK 049

解答 → p.256

（　）内の語句を正しく並べかえましょう。

☐ (1) Gen is (that / singer / have / the most famous / I) ever seen before.

☐ (2) Cathy (girl / came / the first / that / is) here.

TRY! 表現力

「○○は私が今まで出会った中でいちばん～な男の子です。」と言ってみましょう。

WORD LIST : famous, popular, smart, strong, tall

例　Takuya is the most famous boy that I have ever met.

CHAPTER 9 関係代名詞

UNIT **1** 関係代名詞の働き

I have a friend who lives in the U.S.

私にはアメリカに住んでいる友だちがいます。

This is a book which I bought yesterday.

これは私が昨日買った本です。

- 関係代名詞は，名詞を後ろから修飾する「節」を作る働きをする。
- 関係代名詞で始まる節によって修飾される名詞を先行詞という。
- 先行詞が人なら who または that，人以外なら which または that が使われる。

UNIT **2** 主格の関係代名詞 who

They are students who speak Chinese.

彼らは中国語を話す生徒です。

- 関係代名詞 who は，先行詞が「人」のときに使われる。
- who は節の中で主語の働きをし，節の中の語順は〈who ＋（助）動詞〜〉になる。
- 関係代名詞 who のあとに続く動詞の形は，先行詞の人称・数に合わせる。

The man who is wearing glasses is Ken.

メガネをかけているその男性はケンです。

- 先行詞が文の主語の場合，関係代名詞で始まる節が文の途中に入る。

UNIT **3** 主格の関係代名詞 which, that

I have a dog which runs very fast.

私はとても速く走る犬を飼っています。

- 関係代名詞 which は，先行詞が「人以外」のときに使われる。
- この which は節の中で主語の働きをし，節の中の語順は〈which ＋（助）動詞〜〉になる。
- 関係代名詞 which のあとに続く動詞の形は，先行詞の人称・数に合わせる。

I know a dog that can swim well.

私は上手に泳げる犬を知っています。

- 関係代名詞 that は，先行詞が「人」「人以外」のどちらにも使われる。

UNIT **4** 目的格の関係代名詞 which，that

This is the key which I have been looking for.

これは私がずっと探していたカギです。

- 関係代名詞 which は，先行詞が「人以外」のときに使われる。
- この which は節の中で目的語の働きをし，節の中の語順は〈which＋主語＋（助）動詞～〉になる。

He is the boy that I met at the party.
彼は私がパーティーで会った男の子です。
He is the boy who I met at the party.
彼は私がパーティーで会った男の子です。

- 関係代名詞 that は，先行詞が「人」「人以外」のどちらにも使われる。
- 先行詞が「人」のとき，関係代名詞 who を目的格として使うこともある。

UNIT **5** 関係代名詞の見分け方と省略

This is the dog which helped the boy.
これはその少年を助けた犬です。
This is the dog（which）I saw yesterday.
これは昨日私が見た犬です。

- 関係代名詞の後ろに動詞が続いているときは，その関係代名詞は主格である。
- 関係代名詞の後ろに〈主語＋動詞〉が続いているときは，その関係代名詞は目的格である。
- 目的格の関係代名詞は省略できる。

UNIT **6** 関係代名詞 that の特別な用法

Amy is the tallest girl that I have ever met.
エイミーは私が今まで出会った中でいちばん背の高い女の子です。

- 先行詞に最上級の形容詞などの限定する語句がついている場合，関係代名詞は that が好まれる。

Everyone that I met there was kind.
私がそこで会った人はみな親切でした。

- 先行詞が –thing や –one で終わる語の場合，関係代名詞は that が好まれる。

定期テスト対策問題

解答 → p.256

問 1 関係代名詞の働き

次の文の下線部の語を関係代名詞を使ってあとの文が修飾する1文を完成しなさい。

(1) Is this the <u>watch</u>? You lost it last week.

  Is this ＿＿＿＿＿＿＿＿＿＿＿＿＿＿＿＿＿＿＿＿？

(2) This is a <u>movie</u>. It makes me very happy.

  This is ＿＿＿＿＿＿＿＿＿＿＿＿＿＿＿＿＿＿＿＿．

(3) She is a <u>scientist</u>. She studies about wild animals.

  She is ＿＿＿＿＿＿＿＿＿＿＿＿＿＿＿＿＿＿＿＿．

(4) Who is the <u>man</u>? Mary is talking with him.

  Who is ＿＿＿＿＿＿＿＿＿＿＿＿＿＿＿＿＿＿＿＿？

(5) The <u>man</u> has just arrived. You called him this morning.

  ＿＿＿＿＿＿＿＿＿＿＿＿＿＿＿＿＿＿＿ has just arrived.

問 2 主格の関係代名詞①

下線部に注意して，次の英語を日本語にしなさい。

(1) The boy <u>who wrote this letter</u> is Ken.

  （＿＿＿＿＿＿＿＿＿＿＿＿＿＿＿＿＿＿＿）

(2) I know the student <u>who used this machine</u>.

  （＿＿＿＿＿＿＿＿＿＿＿＿＿＿＿＿＿＿＿）

(3) She is the teacher <u>who teaches us math every day</u>.

  （＿＿＿＿＿＿＿＿＿＿＿＿＿＿＿＿＿＿＿）

(4) We are looking for the boy <u>who broke this window</u>.

  （＿＿＿＿＿＿＿＿＿＿＿＿＿＿＿＿＿＿＿）

問 3 主格の関係代名詞②

日本語に合うように，＿＿に適切な1語を入れなさい。

(1) これは私を悲しくさせる本です。

  This is the book ＿＿＿＿＿＿＿ ＿＿＿＿＿＿＿ me sad.

(2) 私は伝統的な日本の家具を売っているお店を探しています。

  I'm looking for a shop ＿＿＿＿＿＿＿ ＿＿＿＿＿＿＿ traditional Japanese furniture.

(3) 私は有名な画家によって描かれた美しい絵を1枚持っています。

I have a beautiful picture ＿＿＿＿＿＿＿ ＿＿＿＿＿＿＿ ＿＿＿＿＿＿＿ by

a famous artist.

（問）**4** 目的格の関係代名詞

次の日本語の下線部を，関係代名詞を使って英語にしなさい。

(1) これは私が毎日掃除をする部屋です。

This is a room ＿＿＿＿＿＿＿＿＿＿＿＿＿＿＿＿＿＿＿＿＿ .

(2) 私は，私の弟が作ったケーキを食べました。

I ate the cake ＿＿＿＿＿＿＿＿＿＿＿＿＿＿＿＿＿＿＿

(3) 私がこの前の日曜日に見た映画はおもしろかったです。

The movie ＿＿＿＿＿＿＿＿＿＿＿＿＿＿＿＿＿ was interesting.

(4) 札幌は私が何度も訪ねたことがある都市です。

Sapporo is the city ＿＿＿＿＿＿＿＿＿＿＿＿＿＿＿＿＿ .

（問）**5** 関係代名詞の省略，that の特別用法

日本語に合うように，（　　）内の語句を並べかえなさい。

(1) あなたがたった今話していた女性が田中先生です。

(the woman / just now / talked / you / with) is Ms. Tanaka.

＿＿＿＿＿＿＿＿＿＿＿＿＿＿＿＿＿＿＿＿ is Ms. Tanaka.

(2) 私は父からもらったペンを今でも使っています。

I still (my father / use / me / the pen / gave).

I still ＿＿＿＿＿＿＿＿＿＿＿＿＿＿＿＿＿＿ .

(3) メイは私がアメリカで一緒に勉強した学生です。

May is (studied / in America / with / the student / I).

May is ＿＿＿＿＿＿＿＿＿＿＿＿＿＿＿＿＿ .

(4) 私が好きな科目は英語です。

(is / subject / I / the / like) English.

＿＿＿＿＿＿＿＿＿＿＿＿＿＿＿＿＿＿ English.

(5) あそこで走っている男の子と犬を見なさい。

Look at the boy and (that / there / running / the dog / are).

Look at the boy and ＿＿＿＿＿＿＿＿＿＿＿＿＿＿＿ .

(6) あれは私が今までに見た中でいちばん有名な絵です。

That is (picture / have / famous / that / the most / I) ever seen.

That is ＿＿＿＿＿＿＿＿＿＿＿＿＿＿＿＿＿ ever seen.

あるある 誤答ランキング

中学校の先生方が，「あるある！」と思ってしまう，生徒たちのよくありがちな誤答例です。「自分は大丈夫？」としっかり確認して，まちがい防止に役立ててください。

第 1 位

問題 次の日本文を英語に直しなさい。
彼女は英語を勉強するのが好きな生徒です。

She is the student who ~~she~~ likes studying English.

あるある！

正しい英文： **She is the student who likes studying English.**

関係代名詞の who や which などのあとでは主語か目的語が脱落することに注意しましょう。脱落した主語や目的語は先行詞として関係代名詞の前に置かれます。

第 2 位

問題 次の日本文を英語に直しなさい。
私はフランス語を話す人が必要です。

I need a person who ~~speak~~ French.

あるある！

正しい英文： **I need a person who speaks French.**

関係代名詞から始まるカタマリの動詞の形は先行詞に合わせます。上の例文の場合，先行詞は a person になるので，動詞は 3 人称単数現在形で表します。

第 3 位

問題 次の日本文を英語に直しなさい。
これは私が今まで読んだ中で最も難しい本です。

This is the most difficult book which I have ever read.

あるある！

正しい英文： **This is the most difficult book (that) I have ever read.**

先行詞に the most などの最上級の表現がつくときには関係代名詞は that を使うほうが好まれます。先行詞に合う関係代名詞を用いましょう。

KUWASHII

ENGLISH

中3
英語

10章

仮定法

基本例文
の音声はこちらから

010

それぞれの英語表現が、
実際の場面ではどのよ
うに使われるのかチェ
ックしておこう!

仮定法とは

Can-Do ▶ 仮定法の考え方を理解し，事実と異なる仮定について表現できる。

基本例文

A: Do you know her e-mail address?
B: No. If I knew it, I would tell you.

意味
A ： 彼女のメールアドレスを知ってる？
B ： いいえ。知ってれば教えてあげるんだけどね。

1 仮定法の考え方

① If you <u>are</u> free, will you go shopping with me?
　　　　　現在形
（もしあなたがひまなら，私と買い物に行きませんか。）

② If you <u>were</u> free, I <u>would</u> go shopping with you.
　　　　　過去形　　　　助動詞の過去形
（もしあなたがひまなら，私はあなたと買い物に行くのに。）

　上の①と②の文は，どちらも接続詞 if を使って現在の内容を表した文です。しかし，①では If に続く節で現在形の are が使われているのに対し，②では過去形の were が使われています。

　②の文は**仮定法**の文です。この文では，「あなたはひまではない」と発言した本人が思っており，「もしあなたがひまなら」という条件は**事実に反すると思っている内容**です。そのような場合は，動詞は過去形にします。これが仮定法の特徴です。

　それに対し①の文はこれまでに学習したふつうの文です。この文では「もしあなたがひまなら」という条件は，実現する可能性があります。そのような場合は，動詞は現在形を使います。

　このように，仮定法とは，事実に反することを仮定するときに使われる文で，if に続く節では現在の内容でも過去形を使います。

もっと！

仮定法と直説法
左の例文の②は仮定法の文。それに対し，①を直説法という。直説法は，事実や現実に起こりうると本人が思っていることを表すときに用いられる。

現実とは異なることを言うときに使う表現だよ。

② 過去形を使って「距離」があることを示す

過去の事実を表す過去形は，現在から時間的な「距離」があると言うことができます。

Could you tell me the way to the station?
（駅までの道を私に教えていただけませんか。）

助動詞の過去形を使うことで，相手から少し「距離」感のあるていねいな表現になります。

If I had a time machine, I would go to the past.
（もしタイムマシーンがあれば，私は過去に行くのに。）

仮定法では，現実と「距離」のある，事実と異なる仮定を表すために過去形が使われるのです。

POINT
① 事実に反することを仮定するときに使われる文を，**仮定法**という。

② 現在の事実に反する仮定を表す仮定法の文では，**過去形**を使う。

③ 過去形を使うことによって，「仮定」と「現実」との距離感を表している。

CHECK 050

解答 ➡ p.257

次の文を日本語になおしましょう。
- ☐ (1) If I had enough money, I would buy a new smartphone.
- ☐ (2) If I lived in Tokyo, I couldn't see this beautiful beach.

TRY!
表現力

「もし〜なら，…するのに。」と仮定法を使って表現してみましょう。

WORD LIST : if, would, could

....

例 If I had a big house, I would keep a dog.

2 仮定法の意味と形

Can-Do ▸ 仮定法の意味と形を理解し，事実と異なる仮定を表現できる。

基本例文

A: I'll be late for the soccer game!
B: If I **were** you, I **would** call your coach right now.

意味

A：サッカーの試合に遅刻しちゃうよ！
B：もし私があなたなら，今すぐコーチに電話をかけるわ。

1 仮定法の意味と形

If I **had** a swimming pool, I **would** swim every day.
　　　過去形　　　　　　　　　　　助動詞の過去形
（もし**プール**があれば，**毎日泳ぐ**だろうに。）

　仮定法は，事実と異なることを仮定するときに使われる文です。接続詞 if で始まる「もし〜なら」と仮定［条件］を表す節と，「〜だろうに」を表す節からなります。

　文の形は，〈If ＋ 主語 ＋ 動詞の過去形〜，主語 ＋ 助動詞の過去形 ＋ 動詞の原形 ....〉です。if で始まる節では動詞は過去形が使われ，もう一方の節では助動詞の過去形が使われます。

If I **had** time, I **could** help you.
　　　過去形　　　助動詞の過去形
（もし**私に時間があれば**，**あなたを手伝うことができる**のに。）

If he **had** time, he **might** come to the party.
　　　過去形　　　　助動詞の過去形
（もし**彼に時間があれば**，**パーティーに来る**かもしれないのに。）

　仮定法で使われる助動詞の過去形は **would** だけではありません。**could**（できる）や **might**（かもしれない）も使われます。

注意

助動詞の過去形に注目

接続詞 if が使われているからといって仮定法の文とは限らない。仮定法の文かどうかを判別するポイントは**助動詞の過去形**。これが使われていれば仮定法である。

動詞の過去形を使うことに注意しよう！

② be 動詞を使った仮定法

If I were you, I would accept the plan.
└─ 主語が I でも be 動詞は were
（もし私があなたなら，その計画を受け入れるだろうに。）

If he were here, he might help me with my homework.
└─ 主語が he でも be 動詞は were
（もし彼がここにいたら，私の宿題を手伝ってくれるかもしれないのに。）

If it were raining, we wouldn't come here.
└─ 主語が it でも be 動詞は were
（もし雨が降っていたら，私たちはここには来ていないだろう。）

仮定法の文では，if で始まる節に be 動詞の過去形を使う場合，主語が何であっても were を使います。

was もアリ？

仮定法の if で始まる節で使う be 動詞の過去形は，主語が何であっても were を使うのが原則。しかし近年，話しことばでは主語が I や it などのときは，was も使われるようになってきている。

10
章
仮定法

👆 POINT

① 仮定法の文は，if で始まる節では**動詞の過去形**が，もう一方の節では**助動詞の過去形**が使われる。

② 助動詞の過去形は，**would** 以外にも **could** や **might** も使われる。

③ if で始まる節に be 動詞の過去形を使う場合，**主語が何であっても were** を使う。

✓ CHECK 051

解答 → p.257

（　　）内の適切なものを選びましょう。

☐ (1) If I had a car, I (can, could) go to a lot of places.

☐ (2) If I (am, were) free, I would help you.

TRY!
表現力

「もし~だったら，~できるのに。」と仮定法を使って表現してみましょう。

WORD LIST : if, would, could, might, buy, sleep, help

例　If I were rich, I could buy the ship.

3 | 仮定法を使ったいろいろな表現

Can-Do ▶ wish や as if などを使って，事実と異なる願望や仮定を表現できる。

基本例文

A: We can't play soccer today.
B: I wish it weren't raining.

意味
A ： 今日はサッカーはできないね。
B ： 雨が降っていなければいいのに。

1 〈wish＋仮定法〉

I wish I had a little brother.
└─動詞は過去形を使う
（弟がいればいいのに。）

I wish my father were here.
　　　　　　　　└─be 動詞は were を使う
（お父さんがここにいてくれればいいのに。）

「〜ならいいのに」という事実と異なることに対する願望を表すときは，動詞 wish を使い，〈wish＋仮定法〉の形で表します。wish の後ろは仮定法なので，動詞は過去形を使います。be 動詞の場合は，主語が何であっても were を使います。この表現は，現実と異なる願望を表す表現であるため，wish の後ろは仮定法が使われるのです。

I wish my mother would buy me a new video game.
　　　　　　　　　└─未来を表す助動詞 will の過去形
（お母さんが私に新しいテレビゲームを買ってくれたらいいのに。）

〈wish＋仮定法〉は，実現の可能性が低い未来に対する願望も表すことができます。この場合，wish の後ろには未来を表す助動詞 will の過去形である **would** が使われます。

もっと！

hope との比較

I wish I were taller than Tom.
（トムよりも背が高ければいいのに。）

I hope you can enjoy this party.
（このパーティーを楽しんでもらえたらと思います。）

wish は後ろに仮定法を使い，事実と異なること，または実現の可能性が低いことへの願望を表す。一方 hope の後ろは直説法（→ p.160）が用いられ，実現の可能性が十分にあることへの願望を表す。

② その他の仮定法を用いた表現

If only I knew her phone number.
（彼女の電話番号を知っていたらなあ。）

〈if only＋仮定法〉は，「もし〜だったらなあ」という意味で，〈wish＋仮定法〉と同様，事実と異なることに対する願望や，実現の可能性が低い未来に対する願望を表しますが，〈wish＋仮定法〉よりも強い願望を表します。

She talks as if[though] she knew everything.
（彼女はまるで何でも知っているかのように話します。）

「まるで〜であるかのように」と言うときには，〈as if[though]＋仮定法〉を使います。as if[though] の後ろに，たとえ話として事実と異なることを入れるので仮定法が使われるのです。ただし，as if[though] の前は仮定法ではありません。前に入る動詞は，現在のことなら現在形を使います。

いろんな仮定法の表現があるんだね。

POINT

1 〈wish＋仮定法〉は「〜ならいいのに」と**事実と異なることへの願望**を表す。

2 〈wish＋仮定法〉は**実現の可能性が低い未来に対する願望**も表すことがある。

3 **if only** や **as if[though]** の後ろにも**仮定法**が使われる。

✓ CHECK 052

解答 → p.257

（　　）内の適切なものを選びましょう。

☐ (1) I (hope, wish) I could go abroad by myself.

☐ (2) She talks as if she (is, were) a university student.

TRY!
表現力

下の語句を使って，「〜できたらいいのに。」と表現してみましょう。

WORD LIST：wish, could

例　I wish I could play the guitar very well.

仮定法

UNIT 1 : 仮定法とは

If you were free, I would go shopping with you.

もしあなたがひまなら，私はあなたと買い物に行くのですが。

● 事実に反することを仮定するときに使われる文を，仮定法という。
● 現在の事実に反する仮定を表す仮定法の文では，動詞の過去形を使う。

UNIT 2 : 仮定法の意味と形

If I were you, I would call your coach right now.

もし私があなたなら，今すぐコーチに電話をかけるのに。

● 仮定法の文の基本的な形は，〈If＋主語＋動詞の過去形〜，主語＋助動詞の過去形＋動詞の原形 ….〉となる。
● 仮定を表す節においては，主語の人称・数にかかわらず，be 動詞は were を使う。

If I had time, I could help you.

もし私に時間があれば，あなたを手伝うことができるのですが。

● 助動詞の過去形は，would（〜するのだが）以外にも could（〜できるのだが）や might（〜するかもしれないのだが）も使われる。

UNIT 3 : 仮定法を使ったいろいろな表現

I wish I had a little brother.

私に弟がいればいいのに。

● 〈wish＋仮定法〉は「〜ならいいのに」と事実と異なることへの願望を表す。

I wish my father were here.

お父さんがここにいてくれればいいのに。

● 仮定を表す節においては，主語の人称・数にかかわらず，be 動詞は were を使う。

I wish my mother would buy me a new video game.

お母さんが私に新しいテレビゲームを買ってくれればいいのに。

● 〈wish＋仮定法〉は，実現の可能性が低い未来に対する願望を表すことがある。

この章で学習したことを，もう一度チェックしてみよう！

If only I knew her phone number.
彼女の電話番号を知っていたらなあ。

● 〈if only＋仮定法〉も，事実と異なる願望や，実現の可能性が低い未来に対する強い願望を表す。

She talks as if [though] she knew it.
彼女はまるでそれを知っているかのように話します。

● 〈as if [though]＋仮定法〉は「まるで〜であるかのように」とたとえ話として事実と異なることを表す。

COLUMN
コラム

10章 仮定法

仮定法を理解しよう！

❶ どんなときに使うのか　　仮定法は，「もし〜ならば」と現実とは異なる状況（ありえないことや，今ある現実に反すると本人が思っていること）を仮定していう言い方です。

(例) If I were a bird ....　　もし私が鳥だったら…　　❶人間が鳥になることはありえない。

(例) If I had enough money ....　　もし私に十分なお金があったら　　❶現実には十分なお金を持っていない。

❷ 基本的な形と意味　　If 節の動詞を過去形にして，主節の助動詞を過去形にするのが基本の形です。現在のことを言っているのに過去形を使うことで，「現実とは距離がある話」であることを表しています。

If ＋主語＋動詞の過去形〜, 主語＋助動詞の過去形＋動詞の原形 ....
if 節（条件節）　　　　　　　主節（帰結節）

(例) If I were you, I would see a doctor.
もし私があなただったら，私は医者に診てもらうでしょう。　　❶実際は，私はあなたではないので，医者に診てもらうことはない。

❸ 仮定法を用いた慣用表現　　I wish に続く I were の部分が仮定法の表現です。過去形の動詞を使うことで，「事実と異なることへの願望」を表します。

I wish ＋主語＋動詞の過去形〜.

(例) I wish I were a bird.　　私が鳥だったらいいのに。　　❶実際は，私が鳥になることはありえない。

定期テスト対策問題

解答 → p.257

問 1 仮定法の形

日本語に合うように，（　　）内のうち適切なものを選び，〇で囲みなさい。

(1) もし私が鳥ならば，あなたのところへ飛んでいくことができるのに。

If I (am, were) a bird, I (can, could) fly to you.

(2) もしプールがあったら，私たちは毎日泳ぐだろうに。

If we (were, had) a swimming pool, we (will, would) swim every day.

(3) もし動物が私たちと話すことができたら，私たちによい助言をくれるかもしれない。

If animals (were, could) talk with us, they (may, might) give us good advice.

(4) もし10億円を手に入れたら，あなたは何をしますか。

What (do, would) you do if you (get, got) one billion yen?

問 2 仮定法の表す内容

次の事実を表した文の内容を，仮定法を使って表すとき，＿＿＿に適切な１語を入れなさい。

(1) I don't have a computer, so I can't send you an e-mail.

If I ＿＿＿＿＿＿ a computer, I ＿＿＿＿＿＿ send you an e-mail.

(2) I can't enter the stadium because I don't have a ticket.

If I ＿＿＿＿＿＿ a ticket, I ＿＿＿＿＿＿ enter the stadium.

(3) It is not Monday today, so he doesn't come to the office.

If it ＿＿＿＿＿＿ Monday today, he ＿＿＿＿＿＿ come to the office.

(4) I am busy, so I won't play tennis with you today.

If I ＿＿＿＿＿＿ busy, I ＿＿＿＿＿＿ play tennis with you today.

問 3 仮定法の意味

次の英語を日本語にしなさい。

(1) How would you feel if she were your mother?

(　　　　　　　　　　　　　　　　　　　　　　　　　　　　　　　　　　)

(2) If I were *Doraemon*, I would help my friends with useful tools.

(　　　　　　　　　　　　　　　　　　　　　　　　　　　　　　　　　　)

(3) If I had a new smartphone, I could enjoy online lessons.

(　　　　　　　　　　　　　　　　　　　　　　　　　　　　　　　　　　)

問 ④ 仮定法の文の語順

日本語に合うように，（　　）内の語句を並べかえなさい。

(1) もし彼がここにいれば，あなたのことを助けてくれるのに。

If he (you / help / were / would / he / here,).

If he _____ .

(2) もう少しお金があれば，私はその腕時計を買うのに。

If I (buy / had / a little more / I / would / money,) the watch.

If I _____ the watch.

(3) もし私が英語を話すことができれば，世界中の人と話すことができるのに。

If I (English, / I / talk with / could / could / speak / people) all over the
world.

If I _____ all over the world.

(4) もし彼が優秀な学生であれば，この説明を理解するだろうに。

If he (would / student, / were / a / understand / he / smart) this explanation.

If he _____ this explanation.

(5) もしよいアドバイスを与えられれば，彼らはこの問題を解決するかもしれないのに。

If they (might / good advice, / given / they / were / solve) this problem.

If they _____ this problem.

問 ⑤ wish や as if の文の形

日本語に合うように，____ に適切な1語を入れなさい。

(1) 私の家がお城くらいに大きければいいのに。

I _____ my house _____ as big as a castle.

(2) 彼女は英語を上手に話せたらいいのにと思っている。

She _____ she _____ _____ English well.

(3) 私の先生はまるで大学生のように見えます。

My teacher looks _____ _____ he _____ a
university student.

問 ⑥ wish や as if の文の意味

次の英語を日本語にしなさい。

(1) I wish I had enough money to buy the bike.

(　　　　　　　　　　　　　　　　　　　　　　　　　　　　　　　　　　）

(2) She talks as if she could see a *ghost.

(　　　　　　　　　　　　　　　　　　　　　　　　　　　　　　　　　　）

*ghost 幽霊

10 章

仮定法

\ 現役先生方に聞いた！ /

誤答ランキング

ある ある

中学校の先生方が，「あるある！」と思ってしまう，生徒たちのよくありがちな誤答例です。「自分は大丈夫？」としっかり確認して，まちがい防止に役立ててください。

第1位　**問題**　次の日本文を英語に直しなさい。
もしぼくが鳥なら，きみのところに飛んでいくのに。

If I <u>am</u> a bird, I <u>will</u> fly to you.

正しい英文： **If I were a bird, I would fly to you.**

現実に起こりうる可能性が低いときに仮定法を用います。人間が鳥になることは実現不可能なので，仮定法過去を用いて表現しましょう。

第2位　**問題**　次の日本文を英語に直しなさい。
もし大きなプールがあれば，私は毎日泳ぐだろう。

If I had a big swimming pool, I <u>swim</u> every day.

正しい英文： **If I had a big swimming pool, I would swim every day.**

仮定法の文には助動詞の過去形を入れます。助動詞には，断定を避ける意味があります。

第3位　**問題**　次の日本文を英語に直しなさい。
空を飛ぶことができたらなぁ。

I wish I <u>can</u> fly in the sky.

正しい英文： **I wish I could fly in the sky.**

if がない文ですが，実現不可能な願望を表した仮定法の文なので，wish の後ろの動詞［助動詞］は過去形にします。

11章

中3
英語

接続詞

基本例文
の音声はこちらから

011

それぞれの英語表現が，
実際の場面ではどのように使われるのかチェックしておこう！

UNIT

1 | and, or, but, so

Can-Do ▶ 接続詞を使って語句や文をつなぐことができる。

基本例文

A: Do you know Meg **and** Nancy?
B: I know Meg, **but** I don't know Nancy well.

意味

A：きみはメグとナンシーを知ってる？
B：メグは知ってるけど，ナンシーはよく知らないわ。

1 接続詞の働き

Tom is smart and kind .　　　　　　　　〔語と語〕
（トムは頭がよくて，（そして）親切です。）
I'll go to the stadium by bus or by train .　〔句と句〕
（私はバスか，（または）電車でスタジアムへ行くつもりです。）
He died , but we remember his words .〔文［節］と文［節］〕
（彼は亡くなりましたが，私たちは彼のことばを覚えています。）

接続詞は文字どおり，語と語，句と句，文［節］と文［節］を結びつける［接続する］働きをします。and，or，but，so は，前後を対等の関係で結びつける接続詞です。

2 and, or, but, so の用法

Mike and I went to the lake.
（マイクと私は湖へ行きました。）
He stood up and began to speak .
（彼は立ち上がり，そして話し始めました。）

and は「〜と…」「〜，そして…」の意味で，語と語，句と句，文［節］と文［節］を結びつけます。

用語解説

句と節

2つ以上の語が集まって1つの意味を表すカタマリがある。そのカタマリの中に，〈主語＋動詞〉のないものを「句」といい，あるものを「節」という。
句の例：
in the kitchen
（台所で），
to go shopping
（買い物に行くこと）
節の例：
I gave
（私は与えた）

用語解説

等位接続詞

語と語などを対等の関係で結びつける接続詞のことを等位接続詞という。

and, or, but, so は前後を対等な関係で結びつけるよ。

Would you like tea **or** coffee **?**
（紅茶にしますか，それとも**コーヒー**にしますか。）

or は「〜かまたは…」「〜あるいは…」「〜，それとも…」の意味で，主に語と語，句と句を結びつけます。

I went to Kyoto **, but** I didn't go to Kinkaku-ji **.**
（私は京都に行きましたが，**金閣寺には行きませんでした**。）

but は「〜，しかし…」「〜だが…」の意味で，主に文［節］と文［節］を結びつけます。

I was very tired **, so** I took a bus **.**
（私はとても疲れていました，それで**バスに乗りました**。）

so は「だから」「それで」の意味で，文［節］と文［節］を結びつけます。

 もっと！

接続詞 for

for は「〜というのは…だから」の意味で，理由を表す接続詞として使われることがある。ただし，堅い文で使われることが多い。
She didn't speak, for she was angry.
（彼女は話をしませんでした，というのも怒っていたからです。）

11
章

接続詞

🖐 POINT

① 接続詞は，**語と語，句と句，文［節］と文［節］**を結びつける。

② and, or, but, so は，前後を**対等の関係**で結びつける。

③ or は語（句）と語（句）を，but と so は，文［節］と文［節］を結びつけることが多い。

✓ CHECK 053

解答 → p.258

（　　）内の適切なものを選びましょう。

☐ (1) He got up early (and, or) enjoyed running with his friends

☐ (2) I like watching soccer, (or, but) I can't play it well.

TRY!
表現力

接続詞を使って，「私は〜だが…です。」と言ってみましょう。

WORD LIST : and, or, but

例　I ate some bread and an egg, but still I'm hungry.

UNIT

2

〈命令文，＋and [or] 〜.〉の文

Can-Do ▶ 〈命令文，＋and [or] 〜.〉を使って表現できる。

基本例文

A: Get up now, or you'll be late for school!
B: It's Sunday today.

意味

A： もう起きなさい。そうしないと学校に遅れるわよ！
B： 今日は日曜日だよ。

1 〈命令文，＋and 〜.〉

Clean your room, and you can play video games.
　　　命令文　　　　　　└「そして」ではない
（自分の部屋をそうじしなさい。そうすればテレビゲームをしていいで
すよ。）

　命令文のあとをコンマで区切って，そのあとに and を続けると，
「…しなさい。そうすれば〜」という意味になります。この形の文で
は，and は「そして」という意味ではないことに注意しましょう。
　また，この形の文は，接続詞 if（もし〜なら）を使った文でほぼ同
じ内容を表すことができます。

　　Clean your room, and you can play video games.
＝If you clean your room, you can play video games.
　　（自分の部屋をそうじすれば，テレビゲームをしていいですよ。）

2 〈命令文，＋or 〜.〉

Clean your room, or you can't play video games.
　　　命令文　　　　　　└「または」ではない
（自分の部屋をそうじしなさい。そうしないとテレビゲームはできませ
んよ。）

もっと！

命令文以外も使える

must や have to などの文
のあとにも and や or を続
けて，〈命令文，＋and [or]
〜.〉と同じような使い方
をすることがある。
You must get up early,
or you will miss the
first train.
（あなたは早く起きなけれ
ばなりません。そうしない
と始発電車を逃しますよ。）

命令文のあとをコンマで区切って，そのあとに or を続けると，「…しなさい。そうしないと〜」という意味になります。この形の文では，or は「または」という意味ではないことに注意しましょう。

また，この形の文も，接続詞 if（もし〜なら）を使った文でほぼ同じ内容を表すことができます。この場合，if の後ろは否定文になります。

Clean your room, or you can't play video games.
= **If you don't clean your room, you can't play video games.**

（自分の部屋をそうじしなければ，テレビゲームはできませんよ。）

〈命令文，＋and［or］〜.〉はすごく使える表現だよ。覚えておこう！

POINT

❶ 〈命令文, and 〜.〉で「…しなさい。**そうすれば〜**」という意味を表す。

❷ 〈命令文, or 〜.〉で「…しなさい。**そうしないと〜**」という意味を表す。

❸ 接続詞 if を使った文で，**ほぼ同じ内容**を表すことができる。

CHECK 054

解答 ➡ p.258

（　　）内の適切なものを選びましょう。

☐ (1) Go to bed now, (and, or) you can get up at five tomorrow.

☐ (2) Study hard, (and, or) you won't pass the exam.

TRY! 表現力

and や or を用いて，相手に忠告する英文を作ってみましょう。

WORD LIST : and, or

例　Get ready for school now, or you'll miss the bus.

UNIT
3
and, or, but を使った重要表現

Can-Do and, or, but を使って，より複雑な内容を表現することができる。

基本例文 🔊

A: Which should I study, English or math?
B: You have to study both English and math.

意味
A：ぼくは英語と数学のどちらを勉強するべきかな？
B：あなたは英語も数学も両方とも勉強しなきゃだめでしょ。

1 and を使った表現

Both my father and my mother have lived in China.
　　　名詞　　　　　名詞
（私の父も母も両方とも中国に住んでいたことがあります。）

We talk to each other both in English and in Japanese.
　　　　　　　　　　　　語句　　　　　語句
（私たちはお互いに英語と日本語の両方で話します。）

both A and B は「A も B も（両方とも）」の意味を表します。A と B には同じ品詞の語や，同じ働きをする語句が入ります。
　また，both A and B が文の主語の場合，複数扱いになります。あとに続く動詞の形はそれに合わせます。

2 or を使った表現

You can use either English or Japanese here.
（あなたはここで英語か日本語のどちらかが使えます。）

Either Mike or you have to go there.
　　　　A　　　　B　　　▲Bに合わせる
（マイクかあなたのどちらかがそこへ行かなければなりません。）

 もっと！

neither A nor B

neither A nor B は「A も B もどちらも〜ない」の意味を表す。意味の上では，both A and B を完全否定した表現。

I've been **neither** to Los Angeles **nor** to Paris.
（私はロサンゼルスにもパリにも行ったことがありません。）

either A or B は「A か B かどちらか (一方)」の意味を表します。

また, either A or B が主語の場合, あとに続く動詞の形は, 原則的に, B の人称と数に合わせます。

③ but を使った表現

The song is sung not only **in Japan** but (also) **all over the world.**
(その歌は日本でだけでなく世界中でも歌われています。)

not only A but (also) B は「A だけでなく B も」の意味を表します。also は省略されることもあります。

He is not **a tennis player** but **a badminton player.**
(彼はテニス選手ではなくバドミントン選手です。)

not A but B は「A ではなくて B」の意味を表します。この場合の but は「しかし」の意味ではありません。

もっと!

B as well as A

not only A but (also) B と同じような意味の表現に, **B as well as A** (A だけでなく B も) がある。A と B の位置が反対になることに注意しよう。いずれの表現でも, 重点があるのは B のほうだ。

He speaks not only English but (also) Spanish.

→ He speaks Spanish **as well as** English.

(彼は英語だけでなくスペイン語も話します。)

☞ POINT

❶ and を使った **both A and B** は,「A も B も (両方とも)」の意味を表す。

❷ or を使った **either A or B** は,「A か B かどちらか (一方)」の意味を表す。

❸ but を使った **not only A but (also) B** や **not A but B** などの表現がある。

✓ CHECK 055

解答 ➡ p.258

( ) 内の適切なものを選びましょう。

☐ (1) I can speak (both, either) English and Spanish.

☐ (2) Not only you (and, but) everyone has to study hard.

TRY!
表現力

「〜だけでなく…も」と表現してみましょう。

WORD LIST : not only 〜 but also …

例 English is spoken not only in the U.S. but also in Australia.

UNIT

4 | 時を表す接続詞

Can-Do ► when などを使って，文に時の表現をつけ足すことができる。

基本例文

A: Do you know where Kate is?
B: She was in the classroom when I left.

意味
A：ケイトがどこにいるか知ってる？
B：私が教室を出るときは教室にいたわよ。

1 when などの接続詞の働き

She liked drawing pictures when she was a child.

（彼女は子どもだったとき，絵を描くのが好きでした。）

= When she was a child, she liked drawing pictures.
└ この語順のときはコンマで区切る

　when などの接続詞は，後ろに〈主語＋動詞〜〉の文の形が続いて〈カタマリ＝節〉を作り，もう一方の主となる節（主節）を修飾します。
　when などの接続詞で始まる節は，文の前半に置かれることも後半に置かれることもありますが，表す意味は変わりません。前半に置かれるときは，間をコンマで区切ります。

2 時を表す接続詞の種類

時を表す接続詞には，次のようなものがあります。

when	「〜するとき」	since	「〜してから［以来］」
while	「〜する間」	until [till]	「〜するまで」
before	「〜する前に」	as	「〜しているとき，」
after	「〜したあとに」		「〜しながら」

注意

日本語との語順のちがい

「彼女が子どもだったとき」と言うとき，日本語では「とき」は最後につくが，英語では接続詞 when は最初に登場することに注意しよう。

用語解説

従属接続詞

and や but など，語と語などを対等の関係で結びつける接続詞のことを等位接続詞という（→p.172）。それに対し，when などのように，主に言いたいこととそれに関係することを結びつける接続詞のことを**従属接続詞**という。また，従属接続詞で始まる節を**従属節**という。

I was reading while my mother was out.
（母が外出している間，私は読書をしていました。）
Please eat it before it gets cold.
（冷めてしまう前に食べてください。）
I have practiced the piano since I was a child.
（私は子どもだったころからずっとピアノを練習しています。）

 もっと！

as soon as ～

as soon as は3語で1つの接続詞の働きをし，「～するとすぐに」という意味を表す。
It began to rain as soon as I got home.
（私が家に着くとすぐに，雨が降り出しました。）

③ 未来の内容でも現在形

When I arrive at the station, I will call you.
└現在形　　　　　　　　└未来を表す助動詞
（駅に着いたら［着いたとき］あなたに電話します。）

時を表す接続詞で始まる節では，未来のことでも現在形で表します。ただし，もう一方の主となる節は未来のことなら will など未来の表現を使います。

👆 POINT

❶ **when** などの接続詞の後ろには〈主語＋動詞～〉の文の形が続く。

❷ 時を表す接続詞は他に，**while，before，since** などがある。

❸ 時を表す接続詞で始まる節では，**未来のことでも現在形**で表す。

✓ CHECK 056

解答 ➡ p.258

（　　）内の適切なものを選びましょう。

☐ (1) My sister was studying (when, while) I came home.

☐ (2) You have to wash your hands (before, until) you have dinner.

TRY!
表現力

接続詞を用いて，「～したとき，…でした。」と状況を説明してみましょう。

WORD LIST：when, stop, tell, get, want, run, eat

例　When the car stopped, he told me to get out.

UNIT
5 理由・条件などを表す接続詞

Can-Do さまざまな接続詞を使って，文に理由・条件などをつけ足すことができる。

基本例文

A: I couldn't visit you because I was busy yesterday.
B: Really? You were playing soccer in the park, weren't you?

意味
A：昨日は忙しかったから，きみを訪ねることができなかったよ。
B：本当？ 公園でサッカーしてたわよね？

1 理由を表す接続詞

Everyone likes Mary because she is very kind.
（メアリーはとても親切なので，みんなが彼女のことが好きです。）

because は「〜だから」「〜なので」の意味で，理由を表す接続詞です。because で始まる節は，ふつう文の後半に置かれます。

Why did you start to study Japanese?
（あなたはなぜ日本語を勉強し始めたのですか。）
— Because it was very interesting.
（とてもおもしろかったからです。）

because は Why 〜 ?（なぜ〜か）の疑問文に対して「〜だから」と理由を答えるときに使うこともできます。

2 条件を表す接続詞

If you are lucky, you can see various kinds of stars.
（もし運がよければ，いろいろな種類の星が見られます。）

注意

because の使い方
日本語では「メアリーはとても親切なので」となるが，英語では because Mary is very kind のように，because の後ろに理由がつく。理由と結果の順番を日本式にして「みんながメアリーを好きなので」などと思い込まないよう注意しよう。

if の節が文の前半に置かれるときは，主節との間をコンマ（,）で区切るよ！

if は「もし〜ならば」の意味で，条件を表す接続詞です。if で始まる節は，文の前半にも後半にも置くことができます。

I will tell him to call you if he comes.
　└未来を表す助動詞　　　　　　└現在形
（もし彼が来たら，あなたに電話するよう彼に伝えます。）

条件を表す if で始まる節では，未来のことでも現在形で表します。もう一方の主となる節は未来のことなら will など未来の表現を使います。

③　譲歩を表す接続詞

Though he is strict, he is very kind.
（彼は厳しいですが，とても親切です。）

though は「〜だけれども」の意味で，譲歩を表す接続詞です。though で始まる節は，文の前半にも後半にも置くことができます。文の前半に置かれるときは，主節との間をコンマで区切ります。

もっと！

although

although は though と同じ意味を表す接続詞で，though よりもやや堅い表現になる。また，although で始まる節はふつう文の前半に置かれる。

POINT

❶ **because** は「〜なので」の意味で，理由を表す接続詞。

❷ **if** は「もし〜ならば」の意味で，条件を表す接続詞。

❸ **though** は「〜だけれども」の意味で，譲歩を表す接続詞。

✓ CHECK <u>057</u>

解答 ➡ p.258

（　　）内の適切なものを選びましょう。

☐ (1) I couldn't keep on studying (if, because) I was sleepy.

☐ (2) If it (is, will be) sunny, can you play tennis with me?

TRY!
表現力

接続詞を用い，「〜だから」「もし〜ならば」などと理由や条件をつけて表現してみましょう。

WORD LIST : because, if

例　Let's go to the library if we have time.

接続詞 that

UNIT **6**

Can-Do ▶接続詞 that を使って，考えや感情などについて表現できる。

基本例文

A: You got a letter from Tom, didn't you?
B: Yes! I was so happy that I read it again and again.

意味

A： トムから手紙をもらったんだって？
B： そうなの！　とてもうれしかったから何度も読み返しちゃったわ。

1 接続詞 that の働き

I know that she is very smart.
（私は，彼女がとても賢いということを知っています。）
Ted told me that he would come here.
（テッドは私に，ここに来るつもりだと言いました。）

接続詞 that は「～ということ」という意味を表し，名詞節を作ります。〈動詞＋that ～〉の形で think などの動詞の目的語になったり（→p.114），〈動詞＋人＋that ～〉の形で tell などの動詞の目的語になったり（→p.116）します。

I am glad that you came here.
（私は，あなたがここに来てくれてうれしいです。）

接続詞 that は，glad などの形容詞のあとに置かれて「～して…」と形容詞を修飾する副詞節を作ることもできます（→p.118）。

2 so ... that ～

Kenta is so kind that he always helps me.
（ケンタはとても親切なので，いつも私を助けてくれます。）

もっと！

that の省略

会話では接続詞 that は省略されることが多い。that が省略されても文の意味は変わらない。
I hope (that) you can visit Japan someday.
（あなたがいつか日本を訪れることができたらいいなと思います。）

so ... that ～ は「とても…なので～」の意味で，「～」の部分で「…」の結果を表します。so のすぐあとには形容詞や副詞が入ります。また，口語では that を省略することもあります。

> **This book is so expensive that I can't buy it.**
> = **This book is too expensive for me to buy.**
> （この本はとても高価なので私は買うことができません。）
>
> **Mr. Mori is so rich that he can buy the car.**
> = **Mr. Mori is rich enough to buy the car.**
> （森さんはとても裕福なのでその車を買うことができます。）

so ... that ～ は，too ... to ～ や ... enough to ～ の文を使ってほぼ同じ意味を表すことができます（→p.90）。

POINT

❶ 接続詞 that は，「～ということ」の意味で**名詞節**を作ることができる。形容詞のあとに置かれ，**形容詞を修飾する副詞節**を作ることもできる。

❷ **so ... that ～** は「とても…なので～」の意味で，that 以下はその前の文の結果を表す。

❸ 〈so ... that ～〉は〈too ... to ～〉や〈... enough to ～〉で書きかえることができる。

CHECK 058

解答 → p.258

次の文に that を入れるとしたら，どの単語のあとが適当ですか。
- [ ] (1) I didn't think the concert was wonderful.
- [ ] (2) I'm so hungry I can't walk.

TRY!
表現力

that を使って，「とても…なので～」と言ってみましょう。

WORD LIST : so, that, sleepy, tired, hard

　例　My brother was so sleepy that he didn't study for the exam.

接続詞

UNIT 1 接続詞 and, or, but, so

I'll go there by bus or by train.
I know Meg, but I don't know Nancy.

私はバスか電車でそこに行くつもりです。

私はメグは知っていますが、ナンシーは知りません。

- 接続詞は、語と語、句と句、文 [節] と文 [節] を結びつける。
- and, or, but, so は、前後を対等の関係で結びつける。

UNIT 2 〈命令文, + and [or] ～.〉の文

Clean your room, and you can play video games.
Get up now, or you'll be late for school.

自分の部屋をそうじしなさい。そうすればテレビゲームをしていいです。

もう起きなさい。そうしないと学校に遅れます。

- 〈命令文, and ～.〉で「…しなさい。そうすれば～」という意味を表す。
- 〈命令文, or ～.〉で「…しなさい。そうしないと～」という意味を表す。

UNIT 3 and, or, but を使った重要表現

You have to study both English and math.

あなたは英語も数学も両方とも勉強しなければいけません。

- both A and B は、「A も B も（両方とも）」の意味を表す。

You can use either English or Japanese here.

あなたはここで英語か日本語のどちらかが使えます。

- either A or B は、「A か B かどちらか（一方）」の意味を表す。

She speaks not only English but (also) Chinese.

彼女は英語だけでなく中国語も話します。

- not only A but (also) B は、「A だけでなく B も」の意味を表す。

UNIT 4 ： 時を表す接続詞

> **She was in the classroom when I left.** 私が教室を出るとき，彼女は教室にいました。
>
> **Please eat it before it gets cold.** 冷たくなる前に食べてください。

- when などの接続詞は，後ろに〈主語＋動詞〜〉の文の形が続く。
- 時を表す接続詞は他に，while，before，since などがある。
- 時を表す接続詞で始まる節では，未来のことでも現在形で表す。

UNIT 5 ： 理由・条件などを表す接続詞

> **I couldn't see you because I was busy.** 私は忙しかったので，あなたに会えませんでした。
>
> **If you are lucky, you can see dolphins.** もし運がよければ，イルカが見られます。
>
> **Though he is strict, he is very kind.** 彼は厳しいですが，とても親切です。

- because は「〜だから」「〜なので」の意味で，理由を表す接続詞。
- if は「もし〜ならば」の意味で，条件を表す接続詞。
- though は「〜だけれども」の意味で，譲歩を表す接続詞。

UNIT 6 ： 接続詞 that

> **I know that she is very smart.** 私は，彼女がとても賢いということを知っています。
>
> **I am glad that you came here.** 私は，あなたがここに来てくれてうれしいです。
>
> **I was so happy that I began to cry.** 私はとてもうれしかったので，泣き出してしまいました。

- 接続詞 that は「〜ということ」の意味で名詞節を作ることができる。
- 接続詞 that は「〜して…」の意味で形容詞を修飾する副詞節を作ることもできる。
- so ... that 〜 は「とても…なので〜」の意味で，結果を表す。

11 章 接続詞

定期テスト対策問題

解答 → p.258

問 1 接続詞 and, or, but, so

日本語に合うように,(　　）内のうち適切なものを選び,○で囲みなさい。

(1) ケンと私は仲のよい友だちです。

Ken (and, but, or, so) I are good friends.

(2) あなたは犬と猫ではどちらがより好きですか。

Which do you like better, dogs (and, but, or, so) cats?

(3) このスープはいいにおいがしますが,熱くて飲むことができません。

This soup smells good, (and / but / or / so) it is too hot for me to eat.

(4) 私は夜ふかしをしたので,とても眠いです。

I stayed up late, (but / or / so) I'm very sleepy.

問 2 〈命令文,＋ and [or] 〜.〉の文

次の文の（　　）内のうち適切なものを選び,○で囲みなさい。また,できた文を日本語にしなさい。

(1) Eat breakfast soon, (and / or) you'll be late for school.

(　　　　　　　　　　　　　　　　　　　　　　　　　　　　　　　　　　　　　）

(2) Run fast, (and / or) you will be able to arrive in time.

(　　　　　　　　　　　　　　　　　　　　　　　　　　　　　　　　　　　　　）

(3) Study English very hard, (and / or) you cannot pass the test.

(　　　　　　　　　　　　　　　　　　　　　　　　　　　　　　　　　　　　　）

問 3 and, or, but を使った重要表現

日本語に合うように,____に適切な1語を入れなさい。

(1) 彼は英語だけでなくフランス語も話すことができます。

He can speak not _____ English but _____ French.

(2) 彼女も私も両方とも正しいです。

_____ she and I _____ right.

(3) あなたか彼のどちらかがそこに行かなければなりません。

_____ you or he _____ to go there.

(4) 私の市とその町の間には湖があります。

There is a lake _____ my city _____ the town.

(5) 彼はサッカー選手ではなく，バドミントン選手です。

He is _____ a soccer player _____ a badminton player.

(6) 私はオーストラリアにもオーストリアにも行ったことがありません。

I've been _____ to Australia _____ to Austria.

問 **4** 時，理由，条件を表す接続詞

次の英語を，下線部に注意して日本語にしなさい。

(1) <u>When</u> I was a child, I liked to play the piano.

( )

(2) I was playing the video game <u>while</u> my father was taking a shower.

( )

(3) You have to come home <u>before</u> it gets dark.

( )

(4) You may go home <u>after</u> you finish your task.

( )

(5) He has been on this soccer team <u>since</u> he was a junior high school student.

( )

(6) I'll wait for her <u>until</u> she comes back.

( )

(7) He stayed home <u>because</u> he had a bad cold.

( )

(8) We won't play baseball <u>if</u> it is too hot tomorrow.

( )

問 **5** 接続詞 that

日本語に合うように，(　　)内の語句を並べかえなさい。

(1) 私は，彼女はとても親切な女性だと思います。

I think (is / she / woman / that / a / very kind).

I think _____ _____.

(2) トムはとても疲れていたので，走れませんでした。

Tom was (so / not / he / run / that / tired / could).

Tom was _____ _____.

\ 現役先生方に聞いた！ /

誤答ランキング
あるある

中学校の先生方が，「あるある！」と思ってしまう，生徒たちのよくありがちな誤答例です。「自分は大丈夫？」としっかり確認して，まちがい防止に役立ててください。

第 1 位　**問題**　次の日本文を英語に直しなさい。
私は中学生の時にアメリカに行きました。

I went to the U.S. when a junior high school student.

正しい英文：　**I went to the U.S. when I was a junior high school student.**

接続詞は後ろに〈主語＋動詞〉のカタマリを置きます。名詞だけが単体で置かれることはありません。

第 2 位　**問題**　次の日本文を英語に直しなさい。
私は海外に行きたいので，英語を一生懸命に勉強します。

I study English hard. Because, I want to go abroad.

正しい英文：　**I study English hard because I want to go abroad.**

because には，日本語の「なぜならば」のようにあとから理由を付け加える働きはありません。また，because の後ろにコンマを置くこともありません。

第 3 位　**問題**　次の日本文を英語に直しなさい。
日本にいる間に，たくさんの写真を撮りました。

During I was staying in Japan, I took many photos.

正しい英文：　**While I was staying in Japan, I took many photos.**

during は前置詞ですので，後ろには名詞のカタマリしか置くことができません。上の例文では，接続詞の while を用いることになります。

KUWASHII

ENGLISH

12

章

中 3
英語

前置詞

基本例文
の音声はこちらから

012

それぞれの英語表現が、実際の場面ではどのように使われるのかチェックしておこう!

UNIT
1

前置詞の働き

Can-Do▶ それぞれの前置詞が持つイメージを理解し，適切に使うことができる。

基本例文

A: There are a lot of dogs in the park.
B: The dog under the tree is Maki's.

意味

A：公園に犬がたくさんいるわ。
B：木の下にいる犬はマキのだよ。

1 前置詞とは

on や in，at などを前置詞といいます。前置詞はふつう，名詞，代名詞の前に置かれ，場所，時，手段などを表します。

2 前置詞句〈前置詞＋（代）名詞〉の働き

前置詞は〈前置詞＋（代）名詞〉の形で使われます。前置詞のあとに置かれる名詞や代名詞を前置詞の目的語といいます。

　　　　動詞　　　　　　　〈前置詞＋名詞〉
They saw large birds in the forest.

（彼らは森の中で大きな鳥を見ました。）

〈前置詞＋（代）名詞〉は，副詞の働きをして動詞を修飾する〔副詞句〕となります。

　　　　名詞　〈前置詞＋名詞〉
It's time for school.

（学校に行く時間だよ。）

また，形容詞の働きをして名詞を修飾する働き〔形容詞句〕ができます。

 用語解説

前置詞句

〈前置詞＋（代）名詞〉のカタマリのことを前置詞句という。

注意

前置詞のあとにくる語

前置詞のあとには，名詞，代名詞（目的格），動名詞が置かれる。「前置詞＝名詞の前に置くことば」と覚えよう。

③ 注意すべき前置詞の位置

前置詞はふつう〈前置詞＋（代）名詞〉の語順で使われますが，次のように，前置詞がその目的語から離れて置かれることもあります。

What are you looking for?
└─for の目的語
（あなたは何を探しているのですか。）

The boy was taken care of by those old people.
└─of の目的語
（その少年はその老人たちによって世話されました。）

I have a good friend to talk with.
└─with の目的語
（私にはおしゃべりをするのによい友だちがいます。）

That is the house which she lives in.
└─in の目的語
（あれが彼女の住んでいる家です。）

🧱 もっと！

前置詞の発音の仕方

前置詞はふつう弱く発音される〔弱音〕。しかし，あとの名詞・代名詞と離れて文の終わりにくるときは強く発音されることが多い。
Tom is interested in Japan.
（トムは日本に興味があります。）→ 弱く発音
What is Tom interested in?
（トムは何に興味がありますか。）→ 強く発音

12
章
前
置
詞

👆 POINT

❶ 前置詞は名詞や代名詞の前に置かれ，〈前置詞＋（代）名詞〉の形で使われる。

❷ 〈前置詞＋（代）名詞〉は**動詞を修飾して，副詞の働き**をすることがある。

❸ 〈前置詞＋（代）名詞〉は**名詞を修飾して，形容詞の働き**をすることがある。

✓ CHECK <u>059</u>

解答 → p.259

太字で示した前置詞句が修飾する語（句）を選びましょう。

☐ (1) (ア)I (イ)found a dog **near the tree**.
☐ (2) (ア)The dog **near the tree** is (イ)mine.

TRY!
表現力

前置詞を用いて，自分の部屋の様子を説明してみましょう。

WORD LIST：in, of, for, near, by, on, wall, desk, chair, window

例 I have a clock on the wall.

UNIT
2 | # 時を表す前置詞

Can-Do ▶「時」を表す前置詞が持つイメージを理解し，適切に使うことができる。

基本例文

A: Will Dad be back by noon?
B: Maybe he'll be back in about an hour.

意味
A：お父さん，お昼までに戻ってくるかな？
B：たぶん，１時間くらいしたら戻ってくるよ。

1 at, on, in

Hiroko got up at seven.　　　　　　　　　　〔時刻〕
（ヒロコは７時に起きました。）
Nancy goes to church on Sundays.　　　　〔曜日〕
（ナンシーは毎週日曜日に教会に行きます。）
We have a lot of rain in June.　　　　　　〔月〕
（６月に雨が多く降ります。）

at は時刻，**on** は曜日や日にち，**in** は月や季節，年を表すときに使われます。

2 for と during

Tom watched TV for two hours.
（トムは２時間テレビを見ました。）
She will go skiing during the winter vacation.
（彼女は冬休みの間にスキーに行くつもりです。）

for と **during** はどちらも「〜の間」という意味ですが，**for** のあとには『期間の長さ』を表す語句が続くのに対し，**during** のあとには『特定の期間（の名称）』を表す語句が続きます。

注意

at / on / in

at は「ある１点」を示すイメージ。on は「接着」するイメージ。月や年を表すときには in を用いる。in は on や at よりも示す範囲が広いことを意識しよう。

あとに続く語句によって使い分けよう！

③ until[till] と by

I'll stay in this town until next Saturday.
（私は次の土曜日まで（ずっと）この町に滞在します。）
I'll come back to this town by next Saturday.
（私は次の土曜日までにこの町に戻ってきます。）

until[till] は「～まで（ずっと）」と動作や状態の『継続』を表すのに対し，by は「～までに（は）」と動作を完了する『期限』を表します。

④ within と in

I'll be back within an hour. （私は1時間以内に戻ります。）
I'll be back in an hour. （私は1時間したら戻ります。）

within は「～以内に」という『期限・範囲』を表すのに対し，in は「～したら，～後に」という『時の経過・所要時間』を表します。

注意

before, after

before（～の前に），after（～のあとに）は，接続詞（→p.178）としてだけでなく前置詞としても使われる。
You should do your homework **before** dinner.
（あなたは夕食**前**に宿題をするべきです。）

POINT

❶ 時刻には at，曜日や日にちには on，月や季節，年などには in を使う。

❷ for と during，until[till] と by，within と in などは，表す内容やあとに続く語句などによって使い分ける。

CHECK 060

解答 → p.259

（　　）内の適切なものを選びましょう。

☐ (1) I don't have to go to school (in, on) Sundays.

☐ (2) Please wait here (by, until) I come back.

TRY! 表現力

時を表す前置詞を用いて，この先の自分の予定を言ってみましょう。

WORD LIST : at, on, in, by, until, visit my grandparents, practice judo

例 We will have a Christmas party on December 24th.

UNIT 3 場所や方向を表す前置詞

Can-Do 「場所」を表す前置詞が持つイメージを理解し，適切に使うことができる。

基本例文

A: How about going to the concert tomorrow?
B: OK. Let's meet at the station.

意味
A ： 明日コンサートに行かない？
B ： わかったわ。駅で会いましょう。

1 場所に関する前置詞

in Tokyo (東京で)	〔比較的広い場所〕
at Tokyo Station (東京駅で)	〔比較的せまい場所〕

in は空間や範囲，広い場所を，at は地図上の地点や比較的せまい場所を表すときに使われます。

2 上下・左右に関する前置詞

above the table (テーブルの上の方に)	〔上方〕
over the table (テーブルの上に)	〔覆(おお)うように上〕
on the table (テーブルの上に)	〔接して上〕
below the table (テーブルの下の方に)	〔下方〕
under the table (テーブルの下に)	〔離れて真下〕
by the table **near** the table (テーブルのそばに) **beside** the table	〔接近を表す〕

注意

いろいろな意味のある前置詞

前置詞は大きく分けて「時」「場所」「手段」などを表すものに分けられる。しかし，同じ前置詞でも別の意味で使われることも多いので注意が必要。
by ten (10時までに)〔時〕
by the station
(駅のそばで)〔場所〕
by car (車で)〔手段〕

注意

on の意味

on は「～の上に」という意味だけではなく，
on the wall (壁に)
on the ceiling (天井に)
などのように，横や下の表面に接触していることを表すときにも使われる。

③ 運動や方向に関する前置詞

along 〜に沿って	from 〜から
across 〜を横切って	to 〜へ，〜まで
into 〜の中へ	through 〜を通って

④ その他

between （2つ）の間に	toward(s) 〜の方へ
among （3つ以上）の間に	around 〜のまわりに

to, for, toward(s)

to は到着する地点を，for は出発するときの目的地を，toward(s) は運動の方向を表すのに使う。
I went **to** Tokyo.
→ 東京に行った。
I'm leaving **for** Tokyo.
→ 目的地の東京に向かうところだ。
I walked **toward(s)** the station.
→ 駅の方向へ歩いた。

12 章

前置詞

👆 POINT

❶ 空間や範囲，**広い場所には in**，地図上の**地点や比較的せまい場所には at** を使う。

❷ 「〜の上に」や「〜へ」などを表す前置詞はそれぞれ**複数あり**，表す内容によって**使い分ける**。

✓ CHECK 061

解答 → p.259

（　）内の正しい方を選びましょう。

☐ (1) Keiko arrived (at, on) the station.

☐ (2) I will leave (for, to) Tokyo tomorrow.

TRY!
表現力

前置詞を使って，学校の教室の様子を説明してみましょう。

WORD LIST : on, over, under, near, blackboard, desk, door, picture

例　We have a sofa by the window.

UNIT 4 | その他の前置詞

Can-Do さまざまな前置詞が持つイメージを理解し，適切に使うことができる。

A: Have you read the book on Japanese history yet?
B: Yes. But it was difficult for me.

意味
A：日本の歴史に関する本，もう読んだの？
B：うん。でも，ぼくには難しかったよ。

1 いろいろな意味をもつ前置詞

　これまで学習した前置詞には，場所や時以外にもさまざまな意味を持つものがあります。

by	交通手段	by bus （バスで）
	行為者	by Lisa （リサによって）（→p.34）
with	道具	with a knife （ナイフで）
	同伴	go with Eri （エリと一緒に行く）
	所有	a girl with long hair （長い髪をした少女）
in	言語	in Japanese （日本語で）
	手段・方法	in a loud voice （大声で）
	着用	in a red coat （赤いコートを着て）
on	通信手段	on the cellphone （携帯電話で）
	関連	a book on science （科学に関する本）
for	利益・目的	for the exam （試験のために）
	対象	easy for him （彼にとってやさしい）
	代用	run for her （彼女の代わりに走る）

 注意

交通手段の表し方
by で交通手段を表す場合，by のあとの語句には a や the, my, his などをつけない。
（○）by bus
（×）by a bus
（×）by the bus

 もっと！

徒歩のときは？
「徒歩で」というときは on を使って on foot と言う。
He traveled from Nagoya to Osaka **on foot.**
（彼は名古屋から大阪まで**徒歩で**旅行しました。）
ただし，「歩いて～へ行く」と言う場合は，walk to ～ がふつう。

Please eat this with chopsticks.　　　　　　　〈道具〉
(どうぞこれを箸で食べてください。)

I watched the soccer game on TV.　　　　　〈通信手段〉
(私はそのサッカーの試合をテレビで見ました。)

② その他のよく使われる前置詞

My grandmother told us a story of animals.
(祖母は私たちに動物についての話をしてくれました。)

of は「～の」の意味で，所有や部分，関連などを表します。

They talked about my new car.
(彼らは私の新車について話しました。)

about は「～について」の意味で，関連を表します。

 注意

about のもう１つの意味

about は「約～，およそ～」という意味でもよく使われるが，辞書ではこの意味は前置詞ではなく副詞として載っていることが多い。

POINT

① 前置詞は，場所や時以外にも**いろいろな意味を表す**。

② 前置詞の中には，**複数の意味をもつものがある**。

✓ CHECK 062

解答 → p.259

(　　)内の適切なものを選びましょう。

☐ (1) How did you come here? ― I came here (by, with) bike.

☐ (2) I talked (about, with) the story (about, with) my friends.

TRY! 表現力

前置詞を使って，ふだん自分がどうやって学校に行くのか説明してみましょう。

WORD LIST : by, on, school, bike, bus, train

例　I go to school by train.

前置詞の働きをする語句

UNIT **5**

Can-Do ▶ 2語以上で1つの前置詞の意味を表す語句を適切に使って表現できる。

基本例文

A: Do you know where Tama is?
B: He's sleeping in front of your room.

意味
A：タマがどこにいるか知ってる？
B：あなたの部屋の前で寝てるわよ。

　2語以上がまとまって1つの前置詞と同じ働きをする語句があります。いろいろな語句があるので、熟語として1つ1つ覚えましょう。

用語解説

群前置詞
2語以上で1つの前置詞の働きをする語句を「群前置詞」と呼ぶことがある。

1 場所や方向を表す語句

ahead of ～	「～の前方に，～より前に」
at the top of ～	「～の頂上に」
by way of ～	「～を経由して」
in front of ～	「～の前に」
in the middle of ～	「～の中央に，～の最中に」
out of ～	「～から（外へ）」　など

He was walking ahead of me.
（彼は私の前方を歩いていました。）
There is a tall building in front of my school.
（私の学校の前に高いビルがあります。）
A cat came out of my house.
（1匹のネコが私の家から出てきました。）

場所や方向を表す語句を覚えよう！

② その他の重要な語句

according to ～   「～によると」
because of ～   「～のために」
in spite of ～   「～にもかかわらず」
instead of ～   「～の代わりに」
thanks to ～   「～のおかげで」 など

According to the weather report, it's going to rain tomorrow.
（天気予報によると，明日は雨が降る。）
I didn't go out because of the rain.
（雨のため，私は外出しませんでした。）
Thanks to your help, I finished my homework.
（あなたの助けのおかげで，私は宿題を終えました。）

もっと！

前置詞を2つ重ねる

〈前置詞＋名詞〉の前にさらに別の前置詞が置かれて〈前置詞＋前置詞＋名詞〉という形になることがある。よく使われるものに以下のようなものがある。
from behind ～
（～の後ろから）
from among ～
（～の中から）
from under ～
（～の下から）
since before ～
（～以前から）
till after ～
（～のあとまで）
until after ～
（～のあとまで）

POINT

❶ 2語以上がまとまって1つの前置詞と同じ働きをする語句がある。

❷ いろいろな語句があるので，熟語として1つ1つ覚える必要がある。

✓ CHECK 063

解答 ➡ p.259

(   ) 内の適切なものを選びましょう。

☐ ⑴ There is a big park in front (of, at) the station.

☐ ⑵ A lot of people stayed home because (for, of) COVID-19.

TRY! 表現力

2語以上が連なった前置詞を使って，表現してみましょう。

WORD LIST : in front of, because of, thanks to, understand the lesson,
finish my homework

例 Thanks to your book, I can understand the lesson very well.

UNIT
⑥ 前置詞を用いた重要表現

Can-Do ▶ 前置詞が動詞や形容詞と結びついた形を適切に使って表現できる。

基本例文

A: I got on the bus just now.
B: Then, you will arrive at the station in 20 minutes.

意味
A：たった今バスに乗ったよ。
B：それじゃ，20分したら駅に着くわね。

① 動詞と結びつく前置詞

arrive at ~	「~に着く」
ask ~ for ...	「~に…を求める」
call at ~	「(家など)に立ち寄る」
call on ~	「(人)を訪問する」
get on [off] ~	「~に乗る[から降りる]」
get to ~	「~に着く」
help ~ with ...	「~の…を手伝う」
laugh at ~	「~を笑う」
look after ~	「~の世話をする」
look at ~	「~を見る」
look for ~	「~をさがす」
look forward to ~	「~を楽しみに待つ」
make friends with ~	「~と親しく[友だちに]なる」
take care of ~	「~の世話をする」
take part in ~	「~に参加する」
thank ~ for ...	「~に…のことを感謝する」
wait for ~	「~を待つ」　　　など

I want to make friends with Ted.
(私はテッドと友だちになりたいです。)

注意

1つの動詞と同じ

前置詞が動詞と結びついて，〈動詞＋前置詞〉や〈動詞＋名詞＋前置詞〉などの形で，1つの動詞と同じ働きをする。これらは熟語として覚えるとよい。

同じ動詞でも，あとにつく前置詞によって全然ちがう意味になるよ。どれもよく使う表現だから，しっかり覚えておこう！

② 形容詞と結びつく前置詞

be absent from ~	「~を欠席する」
be afraid of ~	「~をおそれる」
be different from ~	「~とちがう」
be famous for ~	「~で有名である」
be fond of ~	「~が好きである」
be full of ~	「~でいっぱいである」
be good at ~	「~が得意［上手］である」
be late for ~	「~に遅れる」
be proud of ~	「~を誇りに思う」
be ready for ~	「~の準備ができている」
be sorry for ~	「~を気の毒に思う」 など

My plan is different from hers.
（私の計画は彼女のものとはちがいます。）

注意

〈be 動詞＋過去分詞＋
前置詞〉

ここで学習する〈be 動詞
＋形容詞＋前置詞〉の形と
よく似たものに，by 以外
の前置詞を使う受け身
〈be 動詞＋過去分詞＋前置
詞〉がある（→p.40）。
同じ仲間としてあわせて覚
えるとよい。
be known to ~
（~に知られている）
be surprised at ~
（~に驚く）

12 章
前置詞

👆 POINT

❶ **動詞と前置詞が結びつく語句**の用法・意味に注意する。

❷ **形容詞と前置詞が結びつく語句**の用法・意味に注意する。

❸ 2 語あるいは 3 語以上の語句でも，**1 つの語と同じ働き**をする。

✓ CHECK 064

解答 → p.259

（　　）内の適切なものを選びましょう。

☐ ⑴ I was absent (of, from) school yesterday.

☐ ⑵ I'm good (at, to) playing badminton.

TRY!
表現力

動詞や形容詞と結びついた前置詞を使って，表現してみましょう。

WORD LIST：look at, take part in, look forward to, be famous for

例 I'm looking forward to seeing you.

前置詞

UNIT 1 : 前置詞の働き

There are a lot of dogs in the park. 公園にたくさんの犬がいます。

- 前置詞は名詞や代名詞の前に置かれる。
- 〈前置詞＋（代）名詞〉は動詞を修飾して副詞の働きをすることがある。

The dog under the tree is Maki's. 木の下にいる犬はマキのです。

- 〈前置詞＋（代）名詞〉は名詞を修飾して形容詞の働きをすることがある。

What are you looking for? あなたは何を探しているのですか。

- 前置詞の目的語が，前置詞から離れて置かれることもある。

UNIT 2 : 時を表す前置詞

Hiroko got up at seven. ヒロコは 7 時に起きました。

- 時刻には at，曜日や日にちには on，月や季節，年などには in を使う。

I'll stay in this town until next Saturday. 私は次の土曜日まで（ずっと）この町に滞在します。

I'll come back to this town by next Saturday. 私は次の土曜日までにこの町に戻ってきます。

- until は「〜まで（ずっと）」と『継続』を表すのに対し，by は「〜までに（は）」と『期限』を表す。

UNIT 3 : 場所や方向を表す前置詞

Let's meet at the station. 駅で会いましょう。

- 空間や範囲，広い場所には in，地図上の地点や比較的せまい場所には at を使う。

We traveled from Tokyo to Hokkaido. 私たちは東京から北海道まで旅行しました。

- from は「〜から」の意味で起点を表し，to は「〜まで」の意味で，方向と到着点を表す。

UNIT 4 ： その他の前置詞

We go to school by bus.
私たちはバスで学校に行きます。

● by は交通手段や行為者を表す。

Cut this cake with a knife.
このケーキをナイフで切ってください。

● with は道具や同伴，所有の意味を表す。

They talked about my new car.
彼らは私の新車について話しました。

● about は「〜について」の意味で，関連を表す。

UNIT 5 ： 前置詞の働きをする語句

Tama is sleeping in front of Pochi.
タマはポチの前で寝ています。

A cat came out of my house.
1匹のネコが私の家から出てきました。

I didn't go out because of the rain.
雨のため，私は外出しませんでした。

● 2語以上がまとまって1つの前置詞と同じ働きをする語句がある。

UNIT 6 ： 前置詞を用いた重要表現

I got on the bus just now.
私はたった今，バスに乗りました。

You will arrive at the station in 20 minutes.
あなたは20分で駅に着くでしょう。

● 動詞と前置詞が結びついて，1つの動詞と同じ働きをする語句がある。

I am afraid of snakes.
私はヘビが怖いです。

He is good at cooking.
彼は料理が得意です。

We will be late for school.
私たちは学校に遅れるでしょう。

● 〈be 動詞＋形容詞＋前置詞〉の形で，1つのまとまった意味を表す語句がある。

定期テスト対策問題

解答 ➡ p.259

(問) 1 前置詞の働き

次の英語を，下線部の前置詞に注意して日本語にしなさい。

⑴ There is a big dog <u>under</u> the tree.

( )

⑵ I talked with some young Japanese women <u>in</u> their pretty dresses.

( )

⑶ This temple is famous <u>for</u> its stone garden.

( )

(問) 2 時を表す前置詞

次の文の（　　）に入る適切なものを下から選び，記号で答えなさい。

⑴ We eat breakfast (　　　　) seven o'clock every morning.　　　　(　)

⑵ Mr. Green has lived in Japan (　　　　) 2000.　　　　(　)

⑶ Mary often goes to church (　　　) Sunday.　　　　(　)

⑷ I studied English from 8:00 (　　　) 9:00.　　　　(　)

⑸ We are going to stay in Japan (　　　　) two weeks.　　　　(　)

⑹ I must come back home (　　　) 10:00.　　　　(　)

　　　ア at　　　イ for　　　ウ by　　　エ since　　　オ till　　　カ on

(問) 3 場所や方向を表す前置詞

次の絵に合う英文になるように，（　　）内のうち適切なものを選び，〇で囲みなさい。

⑴ There is a cat (on, under, over) the desk.

⑵ A boy is standing (in, between, among) the two girls.

⑶ We often enjoy running (across, along, through) the river.

問 **4** その他の前置詞

次の文の（　　）内のうち適切なものを選び，〇で囲みなさい。

(1)　Does your teacher come to school (with, by, on) car?

(2)　The boat is made (on, of, from) wood.

(3)　Sake is made (on, of, from) rice.

(4)　Listen (to, at, into) the CD carefully.

(5)　Bill made friends (around, toward, with) Jimmy.

問 **5** 2語以上で前置詞の働きをする語句

日本語に合うように，＿＿に適切な1語を入れなさい。

(1)　あなたの助けのおかげで，私は宿題を終えました。

＿＿＿＿＿＿＿ ＿＿＿＿＿＿＿＿＿ your help, I finished my homework.

(2)　彼らはボートから手を伸ばし，大きなカメを捕まえました。

They reached ＿＿＿＿＿＿＿ ＿＿＿＿＿＿＿ the boat and caught a big turtle.

(3)　エレンの代わりにパーティーに参加してもよいですか。

Can I join the party ＿＿＿＿＿＿＿ ＿＿＿＿＿＿＿ Ellen?

(4)　私たちの先生が校門の前に立っていました。

Our teacher was standing ＿＿＿＿＿＿ ＿＿＿＿＿＿＿ ＿＿＿＿＿＿＿ the school gate.

(5)　私は病気のために旅行に行けませんでした。

I couldn't go on a trip ＿＿＿＿＿＿＿ ＿＿＿＿＿＿＿ sickness.

問 **6** 前置詞を用いた重要表現

日本語に合うように，＿＿に適切な1語を入れなさい。

(1)　どうぞここでバスに乗ってください。

Please get ＿＿＿＿＿＿＿ the bus here.

(2)　私がここにいない間，私の子どもたちの世話をしてください。

Please take care ＿＿＿＿＿＿＿ my children while I am not here.

(3)　私はスポーツが得意です。

I am good ＿＿＿＿＿＿＿ sports.

(4)　緑茶はウーロン茶とはちがいます。

Green tea is different ＿＿＿＿＿＿＿ oolong tea.

(5)　韓国の人々は日本の文化に興味を持っています。

Korean people are interested ＿＿＿＿＿＿＿ Japanese culture.

12 章

前置詞

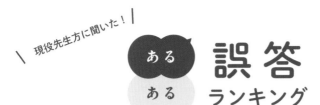

ある ある 誤答 ランキング

中学校の先生方が，「あるある！」と思ってしまう，生徒たちのよくありがちな誤答例です。「自分は大丈夫？」としっかり確認して，まちがい防止に役立ててください。

第 1 位

問題 次の日本文を英語に直しなさい。
ひどい雨のせいで野球をすることができませんでした。

I couldn't play baseball <u>because</u> the heavy rain.

正しい英文： **I couldn't play baseball because of the heavy rain.**

because は接続詞なので，後ろには〈主語＋動詞〉のカタマリを置きます。上の例文のような時には，because of（〜のおかげで，〜のせいで）という表現を用いましょう。

第 2 位

問題 次の日本文を英語に直しなさい。
私は部屋のそうじを1時間で終わらせるつもりです。

I'm going to finish cleaning my room <u>for</u> an hour.

正しい英文： **I'm going to finish cleaning my room in an hour.**

1時間の「間」という文字に引っ張られて for を用いる人がいますが，これはまちがいです。ここでは，「所要時間」を表す in を使いましょう。

第 3 位

問題 次の日本文を英語に直しなさい。
私の学校は川沿いにあります。

My school is <u>in</u> the river.

正しい英文： **My school is on [along] the river.**

on には「接している」というイメージがあります。「川に接している」➡「川沿いに」という意味になります。in だと「川の中に」の意味になってしまいます。

KUWASHII

ENGLISH

中3
英語

13章

その他の重要表現

UNIT 1 付加疑問
UNIT 2 感嘆文
UNIT 3 否定表現

基本例文
の音声はこちらから

013

それぞれの英語表現が,
実際の場面ではどのよ
うに使われるのかチェ
ックしておこう!

UNIT
1 | # 付加疑問

Can-Do ▶ 付加疑問を使って，相手の気持ちを確かめたり念をおしたりすることができる。

基本例文

A: Ellen won't come here today, will she?
B: Yes, she will! She'll arrive here soon.

意味

A：エレンは今日はここに来ないんだよね？
B：いいえ，来るわ！　もうすぐここに着くわよ。

1 付加疑問の意味と形

「〜ですよね」などと，相手の気持ちを確かめたり，軽く質問したり，念をおしたりするときに使う形を付加疑問といいます。

You are hungry, aren't you?
（あなたはお腹が減っていますよね。）
He speaks good English, doesn't he?
（彼は英語を上手に話しますよね。）

付加疑問の形は，肯定文の場合，文の終わりにコンマ〈,〉を入れ，そのあとに否定の疑問形〈否定の短縮形＋主語を表す代名詞？〉を続けます。be動詞がある文ならば isn't, aren't, wasn't, weren't を，一般動詞の文ならば don't, doesn't, didn't を使って付加疑問を作ります。助動詞の文ならば助動詞の短縮形（can't や won't など）を使います。

Your father isn't tall, is he?
（あなたのお父さんは背が高くないのですよね。）
They don't like Japanese food, do they?
（彼らは和食が好きではないのですよね。）

否定文の場合は，文末に肯定の疑問形〈(助)動詞＋代名詞？〉をつけます。

注意

付加疑問の主語
付加疑問の主語は，前の文の主語を受ける代名詞にする。
Tom can play the piano very well, can't **he**?

注意

付加疑問の読み方
付加疑問のコンマ以下を下げ調子で読むと念を押す意味が強くなり，逆に，上げ調子で読むと軽く質問する意味になる。

② 付加疑問に対する答え方

Lisa can swim well, **can't she?** （リサは上手に泳げますよね。）
— Yes, she can. / No, she can't.
（はい，泳げます。/ いいえ，泳げません。）
He isn't Mr. Oka, **is he?** （彼は岡先生ではないのですよね。）
— Yes, he is. / No, he isn't.
<u>（いいえ，岡先生です。/ はい，岡先生ではありません。）</u>
└─日本語では逆になる

　否定文で始まる付加疑問に答えるときには注意が必要です。英語では，問いの内容にかかわらず，答えが「肯定」なら Yes，「否定」なら No を使って答えます。相手の問いに対して「はい」「いいえ」と答える日本語とは逆になるので，よくまちがいが生じます。

特別な形の付加疑問

Tell me about him, **will you**?
（彼について私に教えてくれませんか。）
→ 命令文には will you を続ける。
Let's play baseball in the park, **shall we**?
（公園で野球をしましょうか。）
→ Let's の文には shall we を続ける。

👆 POINT

❶ 「〜ですね」などと相手の気持ちを確かめたり，軽く質問したりするときに使う形を**付加疑問**という。

❷ 肯定文には**否定の疑問形**を，否定文には**肯定の疑問形**をつける。

❸ 否定文の付加疑問に答えるときは，「はい」なら No，「いいえ」なら Yes で答える。

✓ CHECK 065

解答 ➡ p.260

（　　）内の適切なものを選びましょう。

☐ ⑴ They went to Australia last summer, (don't, didn't) they?

☐ ⑵ Ken cannot speak English very well, (can, can't) he?

TRY!
表現力

付加疑問を使って，「〜ですよね。」と相手に念をおしてみましょう。

WORD LIST : play, study, speak, go, like, come

　例　　You like English, don't you?

UNIT
2

感嘆文

Can-Do ▶ 感嘆文を使って，感動や驚きのような強い感情を伝えられる。

基本例文

A: **What** a great concert!
B: Yes, it's so exciting!

意味
A：なんて**すごいコンサート**なの！
B：うん，とても**ワクワク**するよ！

1 感嘆文とは

「なんて～なのでしょう」と感動・驚き・喜び・苦痛などの強い感情を表すときに使う文を感嘆文といいます。感嘆文は，What または How で始めて，文の終わりにエクスクラメーションマーク〈!〉を置きます。

2 What を使った感嘆文

What a kind boy!　（なんて**親切な少年**なのでしょう！）
What an old stamp!　（なんて**古い切手**なのでしょう！）

形容詞を伴った名詞を強調して強い感情を表すときには，What で始めて〈What＋（a[an]＋）形容詞＋名詞!〉の形を使います。

What beautiful flowers!　（なんて**美しい花**なのでしょう！）
　　　　　└複数形
What cold water!　（なんて**冷たい水**なのでしょう！）
　　　　└数えられない名詞

後ろの名詞が複数形や数えられない名詞のときは，形容詞の前にa[an] はつかないので注意が必要です。

注意

感嘆文の読み方

感嘆文は文の末尾に〈!〉（エクスクラメーションマーク）を置き，下げ調子で読む。強い感情が表現されているので，話し手の気持ちに注目しよう。

もっと！

形容詞のない感嘆文

What a day!
（なんて日だ！）
What a surprise!
（本当にびっくりだ！）
このように，What の後ろに形容詞がなく，名詞のみを続ける感嘆文もよく見られる。

> a[an] がつくのは
> 数えられる名詞のと
> きだけなんだね！

!?

③ How を使った感嘆文

Look at that cat. **How** <u>cute</u>!　　　〈How＋形容詞〉
（あのネコを見てごらんなさい。なんて**かわいい**のでしょう！）
A dog is running. **How** <u>fast</u>!　　　〈How＋副詞〉
（イヌが走っています。なんて**速い**のでしょう！）

　形容詞や副詞だけを使って強い感情を表すときには，How で始めて〈**How＋形容詞 [副詞]!**〉の形を使います。

④ 〈主語＋動詞〉の省略

What **a tall building that is!**（あれはなんて**高い建物**なのでしょう！）
　　　　　　　　　主語⌐　⌐動詞

　感嘆文は，本来は文末に〈主語＋動詞〉があります。ただし，省略されることがほとんどです。

> **注意**
>
> **How と What**
>
> 感嘆文の How と What のちがいは，強調したい部分の品詞のちがいであり，どちらを用いても感嘆していることに変わりはない。

POINT

❶ 感動・驚き・喜び・苦痛などの強い感情を表す文を**感嘆文**という。

❷ 〈**What＋（a [an]＋）形容詞＋名詞!**〉で，形容詞を伴う名詞を強調する。

❸ 〈**How＋形容詞 [副詞]!**〉で，形容詞や副詞を強調する。

CHECK 066

解答 → p.260

（　　）内の適切なものを選びましょう。

☐ (1) (What, How) expensive!

☐ (2) (What, IIow) an old song!

TRY!
表現力

感嘆文を使って感動・驚き・喜びなどの強い感情を表現してみましょう。

WORD LIST：cute, cool, beautiful, happy, big, small

例　How cool he is! / What a cool boy he is!

UNIT

3 否定表現

Can-Do ▶ not 以外の形を使って，否定の表現ができる。

基本例文

🔊))

A: I have little money with me.
B: What? You don't have "little" money but "no" money!

意味

A：ぼく，手持ちのお金がほとんどないんだ。
B：え？　あなたは「ほとんど」じゃなくて「まったく」お金持ってないんでしょ！

① 〈no＋名詞〉

I have no brothers. （私には兄弟が１人もいません。）
＝I don't have any brothers.

no は名詞の前に置いて「少しも〜ない」という意味を表し，〈not 〜 any＋名詞〉と同じ意味を表します。

② nothing, nobody, no one

I have nothing to eat. （私は食べるものを何も持っていません。）
No one in his family agreed.
（彼の家族はだれも同意しませんでした。）

nothing は「何も〜ない」，nobody と no one は「だれも〜ない」という意味です。これらはいずれも３人称単数扱いとなります。

③ never

I'll never tell a lie. （私は決してうそをつきません。）

never は「決して〜ない」「一度も〜ない」という強い否定の意味を表します。

もっと！

no に続く名詞

no のあとに数えられる名詞が続く場合，単数形にも複数形にもなる。話し手が，話題にしているモノについて１つしかないと思っているときは単数形に，複数あるのがふつうだと思っているときは複数形にする。

もっと！

none

none は「少しも〜ない」という意味を表す。no one などは必ず単数扱いだが，none はふつう複数として扱う。

④ few, little

> **I had little money.**
> （私はお金がほとんどありませんでした。）

few と **little** は，前に **a** がつかないときは「ほとんど～ない」という否定的な意味を表します。

⑤ 部分否定

> **I'm not very busy.** （私はあまり忙しくありません。）
> **I'm not always busy.** （私はいつも忙しいわけではありません。）
> **Not all the students walk to school.**
> （すべての生徒が歩いて通学しているわけではありません。）

not very（あまり～ない），**not always**（いつも～わけではない），**not all**（すべて～わけではない）は，部分的な否定を表します。

 注意

a few と a little

I have a little water in my bottle.
（私の水筒には少し水が入っています。）
few と **little** に **a** がつくと，「少しある」という肯定的な意味を表す（➡p.27）。

 もっと！

not ～ at all

「まったく～ない」という強い否定を表すときは，**not ～ at all** を使う。
I'm not busy at all.
（私はまったく忙しくありません。）

POINT

❶ **not** 以外にも **no** や **nothing**，**never** などを使って**否定**を表すことができる。

❷ **few** と **little** は **a** がつかないと「**ほとんど～ない**」という否定的な意味になる。

❸ **not very，not always** などのように，**部分的な否定**を表す表現もある。

✓ CHECK 067

解答 ➡ p.260

（　　）内の適切なものを選びましょう。

☐ ⑴ Bob has (not, no) sisters.
☐ ⑵ (Few, Little) students like to do homework.

TRY! 表現力

自分や身のまわりのものごとについて，「ほとんど～ない」と表現してみましょう。

WORD LIST : few, little, have, there, food, money

例　I have little money.

その他の重要表現

UNIT 1 : 付加疑問

Ellen won't come here today, will she?

エレンは今日はここに来ませんよね。

● 「〜ですね」などと相手の気持ちを確かめたり，軽く質問したりするときに使う形を付加疑問という。

You are hungry, aren't you?
あなたはお腹が減っていますよね。

You aren't hungry, are you?
あなたはお腹が減っていませんよね。

● 肯定文には否定の疑問形を，否定文には肯定の疑問形をつける。

They like Japanese food, don't they?

彼らは日本食が好きなのですよね。

● be 動詞がある文では，be 動詞を使って付加疑問を作り，一般動詞の文では，don't [doesn't, didn't] を使って付加疑問を作る。

He isn't Mr. Oka, is he?
— Yes, he is. / No, he isn't.

彼は岡先生ではないのですよね。

—いいえ，岡先生です。／はい，岡先生で
はありません。

● 否定文の付加疑問に答えるときは，Yes と No が日本語の「はい」「いいえ」と逆になる。

UNIT 2 : 感嘆文

What a great concert!
なんてすごいコンサートなのでしょう！

● 「なんて〜なのでしょう！」と感動・驚き・喜びなどの強い感情を表すときに使う文を感嘆文という。

What an old stamp!
なんて古い切手なのでしょう！

What beautiful flowers!
なんて美しい花なのでしょう！

● 形容詞を伴った名詞を強調して強い感情を表すときは，〈What ＋（a [an] ＋）形容詞＋名詞！〉を使う。
● 後ろの名詞が複数形や数えられない名詞のときは，形容詞の前に a [an] はつかない。

How cute!
How fast!

なんてかわいいのでしょう！

なんて速いのでしょう！

● 形容詞や副詞だけを使って強い感情を表すときには，〈How＋形容詞［副詞］！〉を使う。

What a tall building (that is)!

（あれは）なんて高い建物なのでしょう！

● 感嘆文は本来は文末に〈主語＋動詞〉があるが，省略されることが多い。

UNIT 3 ｜ 否定表現

I have no brothers.

私には兄弟が1人もいません。

● no は名詞の前に置いて「少しも〜ない」という意味を表し，〈not 〜 any＋名詞〉と同じ意味を表す。

I have nothing to eat.
Nobody agrees.

私は食べるものを何も持っていません。

だれも同意しません。

● nothing は「何も〜ない」，nobody は「だれも〜ない」という意味で，3人称単数扱いとなる。

I'll never tell a lie.

私は決してうそをつきません。

● never は「決して〜ない」「1度も〜ない」という強い否定の意味を表す。

I had few friends and little money.

私には友だちもお金もほとんどありませんでした。

● few と little は，前に a がつかないときは「ほとんど〜ない」と否定的な意味を表す。

I'm not always busy.

私はいつも忙しいわけではありません。

● not very（あまり〜ない），not always（いつも〜わけではない），not all（すべて〜わけではない）は，部分的な否定を表す。

定期テスト対策問題

解答 ➡ p.260

問 1 付加疑問の形
次の文の（　）内のうち適切なものを選び，○で囲みなさい。

(1) You are Keiko, (are, aren't, do, don't) you?

(2) They went to Australia last summer, (do, don't, did, didn't) they?

(3) Atsuko couldn't go skiing yesterday, (can, can't, could, couldn't) she?

(4) Please show me the picture, (will, don't, shall, can) you?

(5) He hasn't finished the task, (does, doesn't, has, hasn't) he?

(6) Let's have some tea, (will, don't, shall, can) we?

問 2 否定文に対する付加疑問と答え方
次の付加疑問文と答えの文を日本語にしなさい。

(1) You are not a student, are you? — Yes, I am.
（　　　　　　　　　　　　　　　　　　　　　　　　　）

(2) She is not Tomoko, is she? — No, she isn't.
（　　　　　　　　　　　　　　　　　　　　　　　　　）

(3) We cannot attend the party, can we? — Yes, we can.
（　　　　　　　　　　　　　　　　　　　　　　　　　）

(4) You won't go to Canada, will you? — Yes, I will.
（　　　　　　　　　　　　　　　　　　　　　　　　　）

問 3 感嘆文の形
次の文の＿＿に，How か What のうち適切なものを入れなさい。

(1) ＿＿＿＿＿＿ a beautiful flower this is!

(2) ＿＿＿＿＿＿ beautiful this flower is!

(3) ＿＿＿＿＿＿ expensive cameras your father has!

(4) ＿＿＿＿＿＿ expensive your father's cameras are!

(5) ＿＿＿＿＿＿ lucky!

問 ④ 感嘆文の語順

日本語に合うように，（　　）内の語句を並べかえなさい。

(1) これはなんて難しい問題なのでしょう！

(difficult / a / is / what / this / question)!

_____ !

(2) 彼女はなんてゆっくり歩くのでしょう！

(walks / how / she / slowly)!

_____ !

(3) あなたはなんてたくさんのバッグを持っているのでしょう！

(have / of / a lot / what / you / bags)!

_____ !

(4) アキラはなんて高くジャンプができるのでしょう！

(jump / how / Akira / high / can)!

_____ !

(5) なんて暑い日だ！

(day / what / hot / a)!

_____ !

問 ⑤ いろいろな否定表現

次の文の（　　）内のうち適切なものを選び，○で囲みなさい。

(1) He has (no, not, much) sisters.

(2) I saw (much, few, little) children in the park.

(3) There was (many, few, little) water in the bottle.

(4) He can speak English (a little, a few, many).

(5) (Nothing, Nobody, None) of them knew his name.

問 ⑥ 否定表現の意味

次の英語を，下線部に注意して日本語にしなさい。

(1) I will never tell a lie.

(　　　　　　　　　　　　　　　　　　　　　　　　　)

(2) Not all the students walk to school.

(　　　　　　　　　　　　　　　　　　　　　　　　　)

(3) My brother doesn't have any comic books.

(　　　　　　　　　　　　　　　　　　　　　　　　　)

\ 現役先生方に聞いた！/

あるある 誤答 ランキング

中学校の先生方が，「あるある！」と思ってしまう，生徒たちのよくありがちな誤答例です。「自分は大丈夫？」としっかり確認して，まちがい防止に役立ててください。

第 1 位

問題 次の日本文を英語に直しなさい。
彼は大学生ではないですよね。 —はい，大学生ではありません。

He isn't a university student, is he? — Yes, he is.

正しい英文： **He isn't a university student, is he? — No, he isn't.**

疑問文に答えるとき，英語では肯定内容には Yes を，否定内容には No を用います。上の問題では「彼は大学生ではない」という否定内容なので，No を用います。

第 2 位

問題 次の日本文を英語に直しなさい。
彼はなんて速く走るのだろう！

How a fast runner he is!

正しい英文： **What a fast runner he is! / How fast he runs!**

感嘆文を作るとき，What は直後に名詞のカタマリを（上の例文では a fast runner），How は直後に形容詞や副詞を続けます。

第 3 位

問題 次の日本文を英語に直しなさい。
私はここの生徒をだれ一人知りません。

I don't know all of the students here.

正しい英文： **I don't know any of the students here.**

上の誤答は「ここの生徒全員を知っているわけではない」という部分否定の意味になります。「一人も〜ない」と全体を否定するときは，not 〜 any を使います。

KUWASHII

ENGLISH

中 3
英 語

14 章

会話表現

基本例文
の音声はこちらから

014

それぞれの英語表現が,
実際の場面ではどのよ
うに使われるのかチェ
ックしておこう!

015

音声を聞いて,
発音もチェック
しよう♪

UNIT 1 自己紹介をする・話しかける

Can-Do ▶ 初対面の人に自己紹介したり，知らない人に話しかけたりすることができる。

SCENE 1 自己紹介をさせてください | 自己紹介をするときの始まりのひとこと。

Hello. ❶ Let me introduce myself.
I'm Tanaka Taro.

Hi, Taro. I'm Steve Smith.
Nice to meet you.

タロウ：こんにちは。自己紹介をさせてください。ぼくは田中タロウです。
スティーブ：こんにちは，タロウ。ぼくはスティーブ・スミスです。はじめまして。

❶ **Let me introduce myself.**

「自己紹介をさせてください。」と言うときの決まり文句です。**Let me ～** で「～させてほしい」という意味になります。
Let me sing a song!
「1曲歌わせて！」

SCENE 2 ～部に入っています | 自分のことを相手に伝えよう。

❷ **I belong to the basketball team.**
I love playing basketball!

Really? Me, too.

タロウ：ぼくはバスケ部に入っています。バスケをするのが大好きなんです！
スティーブ：本当に？　ぼくもです。

❷ **I belong to ～.**

「私は～に入っています。」というように，部活動などの紹介に使います。
I belong to the tennis team.「テニス部に入っています。」

SCENE

3 　～と呼んでください 　｜　自分の呼び方を伝えてみよう。

❸ **Please call me Taro.**

OK, Taro. Let's play basketball together sometime.

タロウ：タロウって呼んでください。
スティーブ：わかりました，タロウ。今度いっしょにバスケをしましょう。

❸ **(Please) call me ～.**

「～と呼んでください。」と，自分の呼び方を伝える表現です。call には「～に電話をする」という意味もあるので注意しましょう。
I'll call you tonight.
「今日の夜に電話するね。」

SCENE

4 　すみません 　｜　他人に話しかけるときの定番の表現。

❹ **Excuse me,** Mr. Sato. Can I join the basketball practice with Taro?

Of course, yes!

スティーブ：すみません，佐藤先生。タロウといっしょにバスケの練習に参加してもいいですか？
佐藤先生：もちろん大丈夫ですよ！

❹ **Excuse me.**

「すみません。」と，人に話しかけるときに用いる表現です。

🔧 もっと！

英語の Excuse me.（すみません。）は謝罪のときは使わない。謝罪のときは，I'm sorry. を用いる。

「自己紹介」で役立つ表現

●**名前を言うとき**…　My name is ～.「私の名前は～です。」　　I'm ～.「私は～です。」

●**出身を言うとき**…　I'm from ～.「私は～出身です。」　　I was born in ～.「私は～で生まれました。」

●**趣味を伝えるとき**…　I like ～.「私は～が好きです。」
　　　　　　　　　　　　I'm interested in ～.「私は～に興味があります。」

●**家族構成を伝えるとき**…　There are ～ people in my family.「～人家族です。」

●**ペットについて伝えるとき**…　I have a ～.「私は～を（1匹）飼っています。」

●**決まり文句**…　Nice to meet you.「はじめまして。」

016

音声を聞いて，
発音もチェック
しよう♪

UNIT

2

電話をする・メールを書く

Can-Do ── 電話で会話したり適切な表現を用いてメールを書いたりすることができる。

SCENE

1　もしもし〜です　｜　電話をかけるときの定番のフレーズ。

Hello. ❶ This is Taro.
May I talk to John?

Hello. Sorry, he is out shopping.

❶ This is 〜.

「もしもし，〜です。」と言うときの決まり文句です。Hello. は電話でも使えます。

　もっと！

be out shopping

「買い物に出ている」

タロウ：もしもし。タロウです。ジョン君をお願いします。
ジョンの母：もしもし。ごめんなさい，ジョンは買い物に行っているわ。

SCENE

2　伝言をお願いします　｜　相手が留守のときに使ってみよう。

OK. ❷ Can I leave a message?

Sure. I'll write it down.

❷ Can I leave a message?

「伝言をお願いできますか。」はこのように言います。

　もっと！

Will you leave a message?

「伝言を残しますか。」のように，電話を受けた人が聞くこともできます。

タロウ：わかりました。伝言をお願いできますか。
ジョンの母：どうぞ。メモをとるわね。

SCENE

③ メールの形式 ｜ 友だちへのメールの書き方。

Taro,
Hi, how have you been?
Thanks for calling.
I'd be happy to come to
your birthday party next
week. I'm looking
forward to it!
❸ See you then,
John

タロウへ，やあ，久しぶり。電話ありがとう。来週，きみの誕生日会によろこんで行くよ。
会えるのを楽しみにしているね！　じゃあね，ジョン

❸ **See you then,**

「じゃあね，（そのとき会お
う）」という軽い別れのあ
いさつです。

もっと！

I'd be happy to ～.

「よろこんで～する。」

SCENE

④ メールの返信 ｜ 相手のメールに返事を書いてみよう。

Hi, John.
Thank you for your quick reply.
The party will start
at 6 p.m. next
Sunday.
See you soon.
Taro

やあ，ジョン。さっそくの返信をどうもありがとう。パーティーは次の日曜日の午後６時か
ら始まるよ。またね。　タロウ

もっと！

友だち同士のメールであれ
ば，カジュアルな表現でも
OK。顔文字や略語などで
やりとりすることもありま
す。

電話やメールで役立つ表現

●相手の名前をたずねるとき… May I have your name, please? 「どちらさまですか。」

●まちがい電話のとき…
I'm afraid you have the wrong number. 「恐れ入りますが，番号をおまちがえのようです。」

●電話を切るとき… Have a good day. 「良い１日を。」
Thank you for calling. 「お電話ありがとうございました。」

●略語… BTW(＝by the way) 「ところで」　ASAP(＝as soon as possible) 「できるだけ早く」

音声を聞いて,
発音もチェック
しよう♪

017

UNIT
3

買い物をする・苦情を言う

Can-Do ▶ 買い物をするときに店員とやりとりしたり苦情を伝えたりすることができる。

SCENE
1　試着してもいいですか ｜ 服を買うときに知っておきたい表現。

May I help you?

Yes, please. I'm looking for a T-shirt. ❶ May I try this on?

❶ **May I try this on?**

「試着してよいですか。」という表現です。海外では服のサイズが日本と異なることも多いので,買い物の際にはぜひ使ってみましょう。

 もっと！

May I help you?

日本語に直訳すると「あなたをお手伝いしていいですか。」という意味ですが,お客に「いらっしゃいませ。」と話しかけるようなニュアンスです。

店員：いらっしゃいませ [お手伝いしましょうか]。
タロウ：はい,お願いします。Tシャツが欲しいのですが。これを試着してもいいですか。

SCENE
2　自分に合うサイズを探す ｜ 自分にぴったりのものを見つけよう。

How do you like it?

This is too big for me. ❷ Do you have a smaller size?

❷ **Do you have a smaller size?**

「もっと小さいサイズはありますか。」はこのように表現します。

 もっと！

How do you like it?

「いかがですか。」と相手に感想を聞くときに,便利な表現です。

店員：いかがですか。
タロウ：大きすぎるみたいです。もっと小さいサイズはありますか。

SCENE

3 いくらですか | お店で値段を聞くときの定番の表現。

❸ **How much is this?**

It's $35.

タロウ：いくらですか。
店員：35ドルです。

❸ **How much is this?**

「いくらですか。」と値段を
たずねるときに使います。

SCENE

4 交換してください | 買い物にトラブルはつきもの。要望をしっかりと伝えよう。

I found some damage.
❹ **I would like to exchange the T-shirt.**

I'm very sorry about that.

タロウ：傷んでいるところがありました。Ｔシャツを交換してほしいのですが。
店員：大変申し訳ありませんでした。

❹ **I would like to exchange 〜.**

「〜を交換してほしい。」と
依頼するときに使います。
I would like to 〜「〜し
たい」も覚えておきましょ
う。

買い物で役立つ表現

●商品を手に取りたいとき… Can I pick it up?「手に取ってもいいですか。」

●素材をたずねたいとき… What is this made of?「何でできていますか。」

●商品を買うことを伝えるとき… I'll take this.「これをください。」

●商品を別々に包んでもらいたいとき… Could you wrap them separately, please?
「別々に包んでいただけますか。」

●小分け袋がほしいとき… Can I have some small bags?「小分け袋を何枚かもらえますか。」

018
音声を聞いて,
発音もチェック
しよう♪

UNIT

4 道案内をする

Can-Do ▶ 道順をたずねたり説明したりすることができる。

SCENE

1 〜への行き方を教えてください | 道に迷ったときに使ってみよう。

Excuse me. ❶ **Could you tell me how to get to the station?**

Umm, **go down this street** and turn right at the restaurant.

❶ **Could you tell me how to get to 〜?**

「〜への行き方を教えてください。」と言うときの表現です。

もっと！

Go down 〜.

「〜に沿って行く」という表現です。

女性：すみません。駅への行き方を教えていただけませんか。
タロウ：ええと，この道をまっすぐ行ってレストランを右に曲がってください。

SCENE

2 〜に見えます | 目印を示すと相手に伝わりやすい。

The restaurant … ?

❷ **You'll see the station on your left.**

「〜は左側に見えます。」のような表現は道案内をするときによく使います。わかりやすいように目印を伝えられるといいですね。

Yes. ❷ **Then, you'll see the station on your left.**

女性：レストラン…？
タロウ：そうです。そうすると，駅は左側に見えますよ。

SCENE

3 〜にどうやって行けばよいですか | さまざまな表現を使ってみよう。

Excuse me.
❸ How can I get to Tokyo Skytree?

I'll show you the way. Please follow me.

男性：すみません。東京スカイツリーにはどうやって行けばよいですか。
ジョン：案内しますよ。ついてきてください。

14 章

会話表現

❸ How can I get to 〜？

「〜にはどうやって行けばよいですか。」とたずねるときの表現です。

 もっと！

I'll show you the way.

「案内します。」と伝える表現です。

SCENE

4 このあたりをよく知りません | わからないときにははっきりと伝えよう。

Excuse me. I'd like to go to Harajuku Station.

Oh, I'm sorry. I don't know.
❹ I'm a stranger here, too.

女性：すみません。原宿駅へ行きたいのですが。
ジョン：ああ，ごめんなさい。わからないんです。私もこのあたりはよく知らないんです。

❹ I'm a stranger here.

「このあたりはよく知らない。」ということを伝える表現です。

道案内で役立つ表現

Go straight until you get to 〜.	「〜 まで まっすぐに行ってください。」
Turn left at the second corner.	「2 番目の角を左に曲がってください。」
It's just five minutes' walk.	「歩いてほんの 5 分のところです。」
It takes about ten minutes by car.	「車で10分くらいです。」
I'm not from here.	「この場所にはくわしくないです。」

019
音声を聞いて、発音もチェックしよう♪

UNIT
5 お礼を言う

Can-Do ▸ 感謝の気持ちを伝えることができる。

SCENE
① ありがとう | いちばんシンプルなお礼の表現。

Would you like some coffee?

Yes, please. ❶ Thank you.

❶ Thank you.

「ありがとう。」と言うときの定番の表現です。ネイティブスピーカーは一日に何度も "Thank you." を口にするそうです。

店員：コーヒーはいかがですか。
タロウ：はい，お願いします。どうもありがとう。

SCENE
② ありがとうございます | Thank you. 以外の表現も身に付けよう。

Excuse me. You dropped your wallet.

❷ I appreciate your kindness.

Thank you よりも少しかしこまった表現です。表現のバリエーションを増やしましょう。appreciate は「～をありがたく思う」という意味です。

Oh, ❷ I appreciate your kindness.

女性：すみません。財布を落としましたよ。
タロウ：ああ，ご親切にありがとうございます。

3 | どういたしまして | お礼に対する返答の定番の表現。

Thank you very much for your time, Mr. Sato.

❸ You're welcome.

❸ **You're welcome.**

「どういたしまして。」というときにいちばんよく耳にする表現。

もっと！

My pleasure.

この言い方でも，「どういたしまして。」と伝えることができます。

タロウ：（お忙しいところ）お時間をありがとうございました，佐藤先生。
佐藤先生：どういたしまして。

4 | どういたしまして | You're welcome. 以外の表現も使ってみよう。

Thank you for your help.

❹ No problem.

❹ **No problem.**

「どういたしまして。」という表現の別の言い方。いろいろな表現も用いてコミュニケーションをとりましょう。

タロウ：手伝ってくれてどうもありがとう。
ジョン：どういたしまして。

お礼を言うときに役立つ表現

Thank you for 〜.「〜をありがとう。」	I appreciate it.「ありがたいです。」
Thanks a lot.「どうもありがとう。」	Thank you very much indeed.「本当にどうもありがとう。」

14
章

会話表現

音声を聞いて，
発音もチェック
しよう♪
020

UNIT
6

発表する・報告する

Can-Do プレゼンテーションなどで，自分の意見や考えを発表することができる。

SCENE
1 〜について話します | プレゼンテーションなどの導入の表現です。

❶ Today, **I'd like to talk to you about** Japanese culture. There are three things that I'd like to talk about.

タロウ：今日は日本文化についてみなさんにお話ししたいと思います。3点お伝えしたいことがあります。

❶ **I'd like to talk to you about 〜.**

「みなさんに〜についてお話ししたいです。」という意味で，発表の始まりに使うことが多いです。

SCENE
2 まず初めに | 順序を示す表現を使うとわかりやすくなります。

❷ **First,** I'm going to tell you about *omotenashi* – the spirit of hospitality. Has anybody ever heard of it before?

タロウ：まず初めに，「おもてなし」（おもてなしの心）についてお話ししたいと思います。どなたか以前にそれを聞いたことがある人はいますか。

❷ **First,**

「まず初めに，」と順番を表す表現です。second「2番目に」, third「3番目に」, finally「最後に」なども合わせて覚えておきましょう。

SCENE
3 例を見てみましょう │ 具体例をあげると，よりわかりやすくなります。

❸ Let's take a look at some examples.

タロウ：例を見てみましょう。

❸ **Let's take a look at some examples.**

「例を見てみましょう。」
発表をするときは，具体的な例を入れることによって，主張を分かりやすく伝えることができます。

SCENE
4 結論として │ 最後にまとめを話しましょう。

❹ In conclusion, I believe the spirit of hospitality is very important in Japanese culture.

タロウ：結論として，ぼくは，おもてなしの心が日本文化においてとても大切だと確信しています。

❹ **In conclusion, 〜**

「結論として，〜」
自分の発表のまとめの部分に入るときに用いる表現です。

SCENE
5 何か質問はありますか │ 質問を投げかけることで，議論が深まります。

❺ Are there any questions?

What is the difference between Japanese hospitality and kindness?

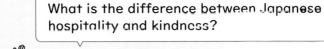

タロウ：何か質問はありますか。
聴衆：日本のおもてなしと親切心の違いは何ですか。

❺ **Are there any questions?**

「何か質問はありますか。」
発表を聞いている人から質問を受けることで，より高度な発表につながります。

021
音声を聞いて,
発音もチェック
しよう♪

UNIT 7 | 意見を言う

Can-Do ▶ ディスカッションなどで自分の意見を言うことができる。

SCENE **1** 私の意見では | 自分の意見やアイディアを述べるときに使います。

> Could you give me some advice?

❶ **In my opinion,**

「私の意見では」と言うときの表現です。「(他者と比べて) 自分はこう思う。」といった場面で使用することが多いです。

> ❶ **In my opinion,** you should sing English songs with your classmates.

タロウ:アドバイスをいただけませんか。
佐藤先生:私の意見だが,きみはクラスのみんなといっしょに英語の歌を歌うべきだよ。

SCENE **2** ～だと思う | think よりも確信度が高い表現です。

> ❷ **I believe** that is a good idea because it is exciting for everyone.

> Oh, do you think so?

❷ **I believe ～.**

「私は～だと思います。」
think 以外にも「～だと思う」という表現があります。believe は,think よりも確信度が高いときに用います。

ジョン:みんなにとってワクワクするものだから,それはいいアイディアだと思うよ。
タロウ:えっ,そう思う?

SCENE
3 そう思います | think よりも，確信度が低い表現です。

> Do you think he will make
> it as our star singer?

> ❸ Yes, **I guess so.** He is
> the best singer in our class.

❸ I guess 〜.

「私は〜だと思います。」
think 以外にも「〜だと思
う」という表現があります。
guess は，think よりも確
信度が低いときに用います。

マヤ：彼は私たちのスター歌手として成功すると思う？
ジョン：うん，そう思うよ。彼はぼくらのクラスでいちばんの歌い手だから。

SCENE
4 もし自分が〜なら | 仮定法を使って，意見を伝えています。

> I want to give up.

❹ If I were you, 〜

「もし私がきみだったら，」
と仮定法を用いた表現です。
動詞の時制に注意しましょ
う。

> ❹ **If I were you,** I would
> not do that. You can do it.
> We can do it.

タロウ：ぼくはあきらめたくなったよ。
ジョン：ぼくがきみだったら，あきらめないよ。きみにはできるさ。ぼくたちにはできるん
　　　　だ。

意見を言うときに役立つ表現

I suppose 〜. 「私は〜だと思う。」

in my experience 「私の経験では」

I don't think 〜. 「私は〜だと思わない。」

I have a different point of view. 「私の意見はちがいます。」

022
音声を聞いて,
発音もチェック
しよう♪

UNIT

8 | 賛成・反対を伝える

Can-Do ▶ 相手の意見やアイディアに賛成・反対を伝えることができる。

SCENE

1 賛成です | 意見やアイディアに同意することを示します。

I think country life is much better than city life.

❶ I agree with ～.

「賛成します。」と同意を示す表現です。with のあとには意見がくることもあります。
I agree with your idea.
「きみの意見に賛成だよ。」

❶ I agree with you.

タロウ：ぼくは都市部での生活よりも，都市から離れた地域での生活の方がずっとよいと思います。
ジョン：賛成です。

SCENE

2 賛成です | agree を用いるよりも，少しカジュアルな表現です。

Why don't we go to see a documentary about Wyoming tonight?

Sure! ❷ I'm for it.

❷ I'm for it.

「私はそれに賛成です。」という賛成を示す別の表現です。

🧊 もっと！

against

反対を示す表現です。
We are against war.
「私たちは戦争に反対です。」

タロウ：今夜，ワイオミング（州）についてのドキュメンタリー映画を観に行かない？
ジョン：いいね！ 賛成だよ。

SCENE

3 反対します | 相手の意見に反対することを示す表現。

We should use paper dictionaries at school.

❸ **I disagree with ～.**

「～に反対します。」という表現です。理由も説明するとより丁寧になります。

❸ **I disagree with your idea.** Online dictionaries are more ecological.

タロウ：学校では紙の辞書を使うべきだよ。
ジョン：きみの意見には反対だな。オンライン辞書のほうが環境にやさしいよ。

SCENE

4 そうは思いません | disagree を用いずに，反対を表すこともできます。

We all need to buy smartphones.

❹ **I don't think so.**

「私はそう思いません。」という表現です。disagree を用いなくても反対を示すことができます。

❹ Well, **I don't think so.** We can live without smartphones.

タロウ：ぼくたちはみんなスマートフォンを買う必要があるよ。
ジョン：ええと，ぼくはそうは思わないな。スマートフォンなしでもぼくらは生きていけるよ。

賛成・反対を伝えるときに役立つ表現

Exactly. / Absolutely. 「その通り。」

What a good idea! 「なんていい考え！」

I'm not sure about that. 「それはどうかなあ。」

be opposed to ～ 「～に反対している」

定期テスト対策問題

解答 → p.261

問 1 場面に合う表現の完成

日本語に合うように，____に適切な1語を入れなさい。

(1) 自己紹介をさせてください。

_____ me introduce myself.

(2) これを試着してもよいですか。

May I _____ this on?

(3) このあたりはよく知らないのです。

I'm a _____ here.

(4) 何か質問はありますか。

Are _____ any _____ ?

問 2 買い物

次の店員（Clerk）とリナの対話文を読んで，あとの問いに答えなさい。

Clerk: May I (①) you?

Rina: Yes, please. I'm looking for a coat.

Clerk: How (②) this one?

Rina: Oh, it's my favorite color. But it's too big for me.

    ③もっと小さいサイズはありますか。

Clerk: Yes, of course. Just a moment, please. Here you are.

Rina: How nice! I like it. ④いくらですか。

Clerk: It's 10,000 yen.

Rina: OK. ⑤I'll take it.

Clerk: Thank you very much.

(1) 対話の流れに合うように，空所①，②に入る適切な1語を書きなさい。

               ① _____ ② _____

(2) ③，④の日本語を英語にしなさい。

    ③ _____

    ④ _____

(3) ⑤の英語を日本語にしなさい。

    (_____)

問 3　**場面に合う表現の選択**

次のように言いたいときの表現として当てはまる英文を選び，その記号を書きなさい。

(1)　道をたずねてきた相手に案内を申し出たいとき。　　　　　　　　（　　　）

　　ア　Please show me the way.

　　イ　I'll show you the way.

　　ウ　I'll give you this map.

(2)　電話をかけてきた相手にまちがい電話だと思うと伝えたいとき。　（　　　）

　　ア　I'm sure you have the right number.

　　イ　I'm afraid you have a wrong number.

　　ウ　I'm sorry I have the wrong number.

(3)　相手の意見に反対であることを伝えたいとき。　　　　　　　　　（　　　）

　　ア　I agree with you.

　　イ　I'm for it.

　　ウ　I disagree with your idea.

問 4　**場面に合わない表現の選択**

次のように言いたいときの表現として当てはまらない英文を選び，その記号を書きなさい。

(1)　電話の相手に伝言を残すかどうかたずねたいとき。　　　　　　　（　　　）

　　ア　Will you leave a message?

　　イ　Can I leave a message?

　　ウ　Would you like to leave a message?

(2)　お店で別の色があるかどうかたずねたいとき。　　　　　　　　　（　　　）

　　ア　Do you have another color?

　　イ　Is there another color?

　　ウ　Would you like another color?

(3)　駅までの道をたずねたいとき。　　　　　　　　　　　　　　　　（　　　）

　　ア　Shall I show you how to get to the station?

　　イ　How can I get to the station?

　　ウ　Could you tell me the way to the station?

(4)　お礼を言われて返事をしたいとき。　　　　　　　　　　　　　　（　　　）

　　ア　No problem.

　　イ　Excuse me.

　　ウ　You're welcome.

入試問題にチャレンジ ①

解答 ➡ p.262

問 ❶ 受け身　　　　3点×5

次の各問いに答えなさい。

(1) 次の文の（　　）に入る最も適当なものを**ア～エ**から1つ選びなさい。

① A: What did you do for your homework?　　[山梨県：改]

B: We were (**ア** tell　**イ** to tell　**ウ** told　**エ** telling) to write something about the environment in English.

② The food that you bought yesterday (**ア** should eat　**イ** should be eaten　**ウ** has to eat　**エ** has eaten) in a week.　　[神奈川県]

(2) 次の文の意味が通るように，（　　）内の語句を並べかえなさい。

(**ア** old　**イ** bridge　**ウ** when　**エ** this　**オ** was) built?

(3) 次の文の（　　）内の語を適する形に変えて書きなさい。　　[新潟県：改]

I wear kimono only when this festival is (hold).

(4) 次の日本文を英文にしなさい。　　[三重県：改]

彼の歌は多くの人々に愛されています。

問 ❷ 現在完了　　　　6点×5

次の各問いに答えなさい。

(1) 次の文の意味が通るように，（　　）内の語を並べかえなさい。

① A: (**ア** cleaned　**イ** have　**ウ** your　**エ** room　**オ** you) yet?

B: No. I will finish it soon.　　[秋田県]

② A: You play tennis well. How (**ア** it　**イ** you　**ウ** have　**エ** practiced　**オ** long)?

B: For five years.　　[秋田県]

(2) 次の日本文の内容と合うように，（　　）内の語句を並べかえなさい。　　[東京・墨田川高]

私は高校生のころからずっとその本を読んでいます。

I (**ア** was　**イ** have　**ウ** since　**エ** read　**オ** I　**カ** the book) in high school.

(3) 次の文の（　　）に入る最も適当なものを**ア～エ**から1つ選びなさい。

He has (**ア** runs　**イ** been running　**ウ** ran　**エ** running) for an hour.

(4) 次の日本文の内容と合うように，（　　）内の語句を並べかえなさい。

あなたはどのくらい前からテレビを見ているのですか。

(long / how / been / you / have / TV / watching)?

次の各問いに答えなさい。

(1) 次の文の意味が通るように，（　　）内の語を並べかえなさい。

① The bentos were delicious, and (happy / made / they / us). 　　　[宮城県：改]

② They (ア me　イ album　ウ before　エ gave　オ this) I left for Japan. 　　　[山口県：改]

③ A: My father (the / cat / bought / a / me) other day. 　　　[宮崎県]
　　 B: That's good.

(2) 下線部とほぼ同じ意味になるものを次のア〜エから1つ選び，記号で答えなさい。

I think your lecture today has <u>encouraged us all</u>. 　　　[岡山朝日高]

　ア　made us all kind　　　　　イ　given us all a chance to go to a university
　ウ　made us all helpless　　　エ　given hope to us all

(3) 次の日本文を英文にしなさい。 　　　[山梨県]

それは私たちにたくさんの経験を与えてくれます。

次の各問いに答えなさい。

(1) 次の文の（　　）に入る最も適当なものをア〜エから1つ選びなさい。 　　　[栃木県]

I decided (ア to talk　イ talking　ウ talk　エ talks) about my friend living in Germany. He practices judo after school from Monday to Friday.

(2) 次の対話文の意味が通るように，（　　）内の語句を並べかえなさい。

① A: What's your plan for tomorrow? 　　　[沖縄県]
　　 B: My sister (ア to　イ go　ウ me　エ shopping　オ asked) together.
　　 A: That sounds fun! Where will you go?

② A: Will you carry this desk to the next room with me? 　　　[兵庫県]
　　 B: OK, but it (ア big　イ to　ウ may　エ too　オ go　カ be) through the door.

(3) 次の対話文の（　　）に入る最も適当なものをア〜エから1つ選びなさい。 　　　[福島県]

A: Excuse me. Could you tell me (　　　)?

B: Sure. Go down this street and turn left at the hospital. You can see it on your right.

　ア　what to buy at the shop　　　イ　how to get to the museum
　ウ　where to get off the train　　エ　what to see in the museum

入試問題にチャレンジ ②

制限時間： 50分　　　点

解答 ➜ p.263

問 ① 間接疑問，that や疑問詞で始まる節　　　　　　　　　　　6点×4

次の各問いに答えなさい。

(1) 次の日本文の内容と合うように，（　　）内の語を並べかえなさい。　[北海道]

どの電車に乗るべきか教えてください。

Please tell me (I / which / should / train) take.

(2) 次の対話文の（　　）に入る最も適当なものを**ア〜エ**から１つ選びなさい。

① A: What's the matter, Mrs. Smith?　　　　　　　　　　　　　　[岩手県]

B: Well, I found a lunch box in my classroom. Do you know (**ア**　what

イ　who　　**ウ**　which　　**エ**　whose) lunch box this is?

A: It's Tom's.

B: Oh, thank you.

② A: May I help you?　　　　　　　　　　　　　　　　　　　　　[長野県]

B: Yes. I'd like to read some books about animals, but I don't know

(　　　).

A: On the second floor. I'll take you there.

　ア　when you will have them　　**イ**　where they are

　ウ　why you have them　　　　　**エ**　how many books you have

(3) 次の対話文の意味が通るように，（　　）内の語句を並べかえなさい。　[神奈川県]

A: Do you know (how / be / will / the / weather) tomorrow?

B: Yes, I do. It'll be sunny and warm.

問 ② 分詞　　　　　　　　　　　　　　　　(1)(2) 5点×2　　(3)〜(5) 6点×6

次の各問いに答えなさい。

(1) 次の日本文の内容に合うように，（　　）内から最も適するものを１つ選びなさい。　[大阪府]

私は今朝，英語で書かれた手紙を受け取りました。

I received a letter (**ア**　write　　**イ**　wrote　　**ウ**　written) in English this morning.

(2) 次の文の意味が通るように，（　　）内の語を並べかえなさい。　[栃木県]

She (**ア**　made　　**イ**　me　　**ウ**　gave　　**エ**　a toy) in France.

(3) 次の対話文の意味が通るように，（　　）内の語句を並べかえなさい。　[兵庫県]

① A: Look at this picture. The girl (is / under / sitting / the tree) my sister.

B: Oh, she really looks like you.　　　　　　　　　　　　　　　[愛媛県]

② A: What are you trying to find on the Internet? [兵庫県]

B: I'm trying to find (ア languages   イ in   ウ used   エ the number   オ the world   カ of).

③ A: The (ア your   イ dinner   ウ by   エ sister   オ cooked) was good. [秋田県：改]

B: She'll be happy to hear that.

(4) 次の文の(　　)内の語を適する形に変えて書きなさい。

① The woman (sit) on the chair is my host mother. [茨城県]

② A: Look at this picture. What do you think about it? [沖縄県：改]

B: It's amazing!

A: This is the picture (take) by my older brother.

(5) 次の対話文の(　　)に入る最も適当なものを**ア〜エ**から1つ選びなさい。 [岩手県]

A: How is the salad?

B: It's very good.

A: Thank you. I used some vegetables (ア grow   イ grows   ウ grew   エ grown) in our garden.

問 3 関係代名詞　　　　　　　　　　　　　　　　6点×5

(1) 次の日本文の内容に合うように，(　　)内の語句を並べかえなさい。

① 私たちがそこで学ぶことについてあなたに教えるつもりです。 [東京都]

I'll (tell / learn / we / you / the things / about) there.

② 私は，バレーボールがとても上手な女の子を知っています。 [北海道]

I know (plays / a / who / girl) volleyball very well.

(2) 次の対話文の意味が通るように，(　　)内の語句を並べかえなさい。

① A: (who / the student / I / came / met / haven't) from Japan yet. Have you? [山形県]

B: Yes. I saw her in the hallway yesterday. She was speaking English very well.

② A: I think the writer is smart. [沖縄県]

B: Why do you think so?

A: Because the book (is / she / last year / which / wrote) very popular with people of all ages.

③ A: What did you learn about peace during your school trip? [徳島県：改]

B: Many things. I especially remember an old woman (memories / who / us / told / her).

入試問題にチャレンジ ③

問 ① 仮定法　　　　　　　　　　　　　　　　　　　　　7点×4

次の各問いに答えなさい。

(1) 次の文の（　　）に入る最も適当なものを**ア〜エ**から１つ選びなさい。

If I（ **ア** am　**イ** be　**ウ** were　**エ** are ）rich, I could travel around the world.

(2) 次の日本文の内容に合うように，（　　）内の語句を並べかえなさい。

その知らせが本当ならいいのに。

I（ **ア** were　**イ** true　**ウ** the　**エ** wish　**オ** news ）.

(3) 次の対話文の意味が通るように，（　　）内の語を並べかえなさい。

① A: Do you like old temples in Kyoto?

B: Yes.（ **ア** lived　**イ** if　**ウ** there　**エ** I ）, I could go to the temples to take pictures every day.

② A: Do you know that girl? She is a new student from China.

B: Yes. I want to talk with her, but I don't know Chinese. I（ **ア** speak　**イ** wish　**ウ** could　**エ** I ）Chinese.

A: Don't worry. She can speak English, so you can talk with her in English.

問 ② 接続詞　　　　　　　　　　　　　　　　　　　　　7点×2

次の各問いに答えなさい。

(1) 次の文の（　　）に入る最も適当なものを**ア〜エ**から１つ選びなさい。　　　［栃木県：改］

I felt a little nervous（ **ア** and　**イ** but　**ウ** or　**エ** because ）I could do it better than the last time.

(2) 次の対話文の意味が通るように，（　　）内の語句を並べかえなさい。　　　　［秋田県］

A: Did you finish reading the book?

B: Yes. It was so（ **ア** I　**イ** that　**ウ** exciting　**エ** it　**オ** finished ）in a day.

問 ③ 前置詞　　　　　　　　　　　　　　　　　　　　　7点×3

次の各問いに答えなさい。

(1) 次の日本文の内容に合う英文になるように，（　　）に適する語を書きなさい。　　［北海道］

私はカナダ出身です。 I'm（　　　　　　）Canada.

(2) 次の文の（　　）に入る最も適当なものを**ア～エ**から１つ選びなさい。　　　　　　［香川県］

Last month, I had an interview (**ア** in　**イ** from　**ウ** at　**エ** to) English
to go to America.

(3) 次の文の（　　）に入る最も適当なものを**ア～エ**から１つ選びなさい。　　　　　　［北海道］

私の言ったことを繰り返しなさい。

Repeat (**ア** after　**イ** before　**ウ** under　**エ** in) me.

問 ④ その他の重要表現　　　　　　　　　　　　　　　　　　　　　　　　　　　8点×2

(1) 次の日本文の内容に合うように，（　　）内の語句を並べかえなさい。

① あなたのお母さんは車の運転ができますよね。

(mother / can / your / drive / she / can't / ,) ?

② 彼はなんて幸運な男の子でしょう！

(a / boy / he / what / is / lucky)!

問 ⑤ 会話表現　　　　　　　　　　　　　　　　　　　　　　　　　　　　　　7点×3

次の各問いに答えなさい。

(1) 次の日本文の内容に合うように，（　　）に適する語を書きなさい。　　　　　　［北海道］

じゃあまた明日ね。　（　　　　　　） you tomorrow.

(2) 次の対話文の（　　）に入る最も適当なものを**ア～エ**から１つ選びなさい。

① A: May I help you?　　　　　　　　　　　　　　　　　　　　　　　　　　　［群馬県］

B: Yes, please.　I'm looking for a shirt as a birthday present for my
brother.

A: OK.　What color does he like?

B: (　　　)

ア Well, I think he likes blue.

イ No, he doesn't.　He likes a cap.

ウ Great.　But it's large for me.

エ Oh, it's nice.　I like the color very much.

② A: Oh, you are carrying a big box.　Are you all right?　　　　　　　　　　　［長野県］

B: No.　This is a little difficult.　(　　　)

A: Sure.

ア Will you help me?　　　　　　　**イ** May I help you?

ウ You won't help me.　　　　　　**エ** Do you want me to help you?

不規則動詞の活用表

原形（現在形）		過去形	過去分詞	ing 形
awake	目覚める	awoke, awaked	awoke, awaked	awaking
be(am, is, are)	(be 動詞)	was, were	been	being
become	～になる	became	become	becoming
begin	はじめる	began	begun	beginning
bite	噛みつく	bit	bitten	biting
break	こわす	broke	broken	breaking
bring	持ってくる	brought	brought	bringing
build	建てる	built	built	building
buy	買う	bought	bought	buying
catch	つかまえる	caught	caught	catching
choose	選ぶ	chose	chosen	choosing
come	来る	came	come	coming
cut	切る	cut	cut	cutting
do(does)	する	did	done	doing
draw	(線を)引く, 描く	drew	drawn	drawing
drink	飲む	drank	drunk	drinking
drive	運転する	drove	driven	driving
eat	食べる	ate	eaten	eating
fall	落ちる	fell	fallen	falling
feel	感じる	felt	felt	feeling
fight	戦う	fought	fought	fighting

原形（現在形）		過去形	過去分詞	ing 形
find	見つける	found	found	finding
fly	飛ぶ	flew	flown	flying
forget	忘れる	forgot	forgotten, forgot	forgetting
forgive	許す	forgave	forgiven	forgiving
get	手に入れる	got	got, gotten	getting
give	与える	gave	given	giving
go	行く	went	gone	going
grow	成長する	grew	grown	growing
have(has)	持っている	had	had	having
hear	聞こえる	heard	heard	hearing
hit	打つ	hit	hit	hitting
hold	手に持つ	held	held	holding
keep	保つ	kept	kept	keeping
know	知っている	knew	known	knowing
leave	去る	left	left	leaving
lend	貸す	lent	lent	lending
lose	失う	lost	lost	losing
make	つくる	made	made	making
mean	意味する	meant	meant	meaning
meet	会う	met	met	meeting
mistake	間違える	mistook	mistaken	mistaking
pay	払う	paid	paid	paying
put	置く	put	put	putting
read [ríːd リード]	読む	read [réd レッド]	read [réd レッド]	reading

原形（現在形）		過去形	過去分詞	ing 形
ride	乗る	rode	ridden	riding
rise	のぼる	rose	risen	rising
run	走る	ran	run	running
say	言う	said	said	saying
see	見る	saw	seen	seeing
send	送る	sent	sent	sending
shoot	撃つ	shot	shot	shooting
show	見せる	showed	shown, showed	showing
sing	歌う	sang	sung	singing
sit	座る	sat	sat	sitting
sleep	眠る	slept	slept	sleeping
speak	話す	spoke	spoken	speaking
spend	過ごす	spent	spent	spending
stand	立つ	stood	stood	standing
swim	泳ぐ	swam	swum	swimming
take	取る	took	taken	taking
teach	教える	taught	taught	teaching
tell	話す	told	told	telling
think	考える	thought	thought	thinking
throw	投げる	threw	thrown	throwing
understand	理解する	understood	understood	understanding
wear	身につけている	wore	worn	wearing
win	勝つ	won	won	winning
write	書く	wrote	written	writing

解答と解説

くわしい 中3英語

KUWASHII

ENGLISH

1章 │ 1・2年の復習

1 be 動詞の文　CHECK 001

(1) **are**　(2) **were**

2 一般動詞の文　CHECK 002

(1) **plays**　(2) **Did**

3 進行形　CHECK 003

(1) **are studying**　(2) **was playing**

4 未来の文　CHECK 004

(1) **come**　(2) **am**

5 命令文　CHECK 005

(1) **Don't**　(2) **Be**

6 疑問詞　CHECK 006

(1) **do you study**　(2) **can**

7 助動詞　CHECK 007

(1) **come**　(2) **must not**

8 名詞・数量の表し方　CHECK 008

(1) **much**　(2) **two glasses of water**

9 代名詞　CHECK 009

(1) **our**　(2) **These**

10 比較　CHECK 010

(1) **bigger**　(2) **most beautiful**

できなかった
ところはしっ
かり復習して
おこう！

2章 受け身

1 受け身の意味と文の形
CHECK 011

(1) used　(2) was

2 受け身の否定文 / 疑問文
CHECK 012

(1) Is, used　(2) is not

3 受け身の文が使われるとき
CHECK 013

(1) is loved by everyone
(2) Chinese is spoken in

4 注意すべき受け身の文
CHECK 014

(1) from
(2) was surprised at

 定期テスト対策問題

❶ (1) written　(2) used　(3) played
(4) made

(解説) いずれも動詞の適切な形を選ぶ問題。受け身の文は〈be 動詞＋過去分詞〉なので，過去分詞を選ぶ。

❷ (1) is, opened　(2) is, given
(3) be, seen　(4) made

(解説) (1)「10時開店」は「10時に開けられる」と考え，受け身の形にする。
(3)助動詞 can が使われているので，その直後は be 動詞の原形 be が入る。
(4)「中国製」は「中国で作られた」と考え，受け身の形にする。

❸ (1) was, taken　(2) will, be, built

(解説) (1)過去の受け身は be 動詞を過去形にする。
(2)未来の受け身は助動詞 will を使い，〈will be＋過去分詞〉の形にする。

❹ (1) is, used, by　(2) were, made, by

(解説) (1)「彼らはその部屋を使います。」→「その部屋は彼らによって使われます。」
(2)「私の姉[妹]はこれらのかばんを作りました。」→「これらのかばんは私の姉[妹]によって作られました。」

❺ (1) was, in　(2) was, broken
(3) were

(解説) (1)「この家は2019年に建てられました。」
(2)「ある日，窓がだれかによって割られました。」
(3)「その後，バットとボールがその家の近くで見つかりました[見つけられました]。」主語 a bat and a ball が複数なので，be 動詞は were。

❻ (1) This car isn't [is not] made in Japan.
(2) Is the song sung by a lot of people?
(3) What is she called by everyone?

(解説) (1)否定文は，be 動詞の後ろに not を置く。
(2)疑問文は，be 動詞を主語の前に出す。
(3)「彼女はみんなに何と呼ばれていますか。」とたずねるので，文頭は What。

❼ (1) covered, with　(2) surprised, at
(3) known, to　(4) interested, in
(5) made, of

(解説) (1)「～におおわれている」は be covered with ～。
(2)「～に驚く」は be surprised at ～。
(3)「～に知られている」は be known to ～。
(4)「～に興味がある」は be interested in ～。
(5)「～でできている」は be made of ～。

ANSWERS

3章 現在完了

1 現在完了の意味と形 CHECK 015

(1) have stayed　(2) has played

2 『完了』『結果』を表す現在完了 CHECK 016

(1) have just done
(2) has already opened

3 『完了』『結果』を表す現在完了の否定文 / 疑問文 CHECK 017

(1) have not finished
(2) Have you opened

4 『経験』を表す現在完了 CHECK 018

(1) have played　(2) has been to

5 『経験』を表す現在完了の否定文 / 疑問文 CHECK 019

(1) Have you ever seen
(2) They have never tried

6 『継続』を表す現在完了 CHECK 020

(1) since　(2) for

7 『継続』を表す現在完了の否定文 / 疑問文 CHECK 021

(1) have not been busy since
(2) How long have you stayed

8 『動作の継続』を表す現在完了進行形 CHECK 022

(1) been playing
(2) been watching

 定期テスト対策問題

1 (1) have lived　(2) has worked

2 (1) just　(2) once　(3) since

3 (1) has, already, arrived [got]
(2) hasn't, made, yet
(3) Have, cleaned, yet

4 (1) have, heard
(2) have, never, cleaned
(3) Have, ever, used
(4) has, been, times

(解説)(4)「～へ行ったことがある」は be 動詞を使って have [has] been to ～で表す。

5 (1) has, been, since
(2) haven't, been, for
(3) Has, wanted

6 (1) been, playing, for
(2) been, watching, since

(解説) いずれも現在完了進行形で、〈have [has] been ～ ing〉の形にする。

7 (1) I have never seen the picture before.
(2) Has Emi cooked dinner yet?
(3) How many times has Hana visited Kyoto?
(4) How long have they lived in Canada?

(解説)(3)「何回？」は How many times ～ ?。(4)期間の長さは How long ～ ? でたずねる。

8 (1) has, lived, for　(2) have, become

4章 いろいろな文の構造

1 〈look＋形容詞〉などの文　CHECK 023

(1)忙しそうだ　(2)になった

2 〈give＋A＋B〉などの文　CHECK 024

(1) Ben a present　(2) to

3 〈call [name]＋A＋B〉の文　CHECK 025

(1) the cat Tama　(2) called

4 〈make＋A＋B〉の文　CHECK 026

(1) Her smile makes me happy
(2) What made you sad

定期テスト対策問題

1 (1) me happy　(2) her old stamps
(3) it love　(4) them your pictures
(5) us candies　(6) him George

(解説) いずれも〈動詞＋A＋B〉の形。使われて
いる動詞の意味と使い方を考える。

2 (1) made　(2) became　(3) call
(4) gave　(5) looks

(解説) (1)「その話は私たちをとても悲しい気持ち
にさせました。」
(2)「彼女はよい看護師になりました。」
(3)「彼らはその山を赤城山と呼びます。」
(4)「私の兄［弟］は私にコンピューターゲームを
くれました。」
(5)「トムはとてもうれしそうに見えます。」

3 (1) named, the, bird
(2) showed, me　(3) looks
(4) gave, me　(5) makes, you

(解説) (1)〈name＋A＋B〉「AをBと名づける」
の文。疑問詞 Who が主語。
(2)〈show＋A＋B〉「AにBを見せる」の文。
(3)〈look＋形容詞〉「～に見える」の文。
(4)〈give＋A＋B〉「AにBを与える」の文。
(5)〈make＋A＋B〉「AをBにさせる」の文。
疑問詞 What が主語。直訳すると，「何があなた
をそんなに悲しくさせているのですか。」となる。

4 (1) This dog was named Kotaro
(2) The news made us surprised
(3) I'll show you the way to Tom's
house

(解説) (1)〈name＋A＋B〉「AをBと名づける」
の受け身の形。did が不要。
(2)〈make＋A＋B〉「AをBにさせる」の文。直
訳すると，「その知らせは私たちを驚かせまし
た。」となる。we が不要。
(3)〈show＋A＋B〉「AにBを見せる」の文。to
が1つ不要。

5 (1) Please call me Saya.
(2) She became a popular singer.

(解説) (1)〈call＋A＋B〉「AをBと呼ぶ」の文。
please は文末に置いてもよいが，その場合は直
前にコンマ (,) が必要。
(2)〈become＋名詞〉「～になる」の文。

6 (1) look, happy　(2) gave, me
(3) named, him

(解説) (1)〈look＋形容詞〉「～に見える」の文。
(2)〈give＋A＋B〉「AにBを与える」の文。
(3)〈name＋A＋B〉「AをBと名づける」の文。
2人とも子犬をさす代名詞に he, him, his を
使っているので，ここでも it ではなく him とする。

5章 不定詞を使った文

1 不定詞の基本的な使い方 CHECK 027

(1) **to play** (2) **to see**

2 感情の原因を表す不定詞 (副詞的用法) CHECK 028

(1) **sad to hear the news**
(2) **was surprised to see Miki**

3 It is … (for —) to ~. の文 CHECK 029

(1) **It** (2) **to**

4 too … to ~ / … enough to ~の文 CHECK 030

(1) **too, to** (2) **easy enough**

5 〈疑問詞＋to ~〉 CHECK 031

(1) **decided where to live**
(2) **asked me when to leave**

6 〈want [tell, ask]＋人＋to ~〉 CHECK 032

(1) **you to** (2) **not to go**

7 〈let, help など＋人＋動詞の原形〉 CHECK 033

(1) **go** (2) **cook**

 定期テスト対策問題

❶ (1)なるために日本に来ました
(2)聞いてとてもうれしいです
(3)会う時間がほとんどありませんでした
(4)歌うことがとても好きです

解説 (1)目的を表す副詞的用法の不定詞。
(2)感情の原因を表す副詞的用法の不定詞。
(3)直前の名詞を修飾する形容詞的用法の不定詞。
(4)「～すること」を表す名詞的用法の不定詞。

❷ (1) **It, to** (2) **It, for, to**

解説 「(—が) ～することは…です。」は〈It …
(for —) to ~.〉で表す。

❸ (1) **too, for, to** (2) **easy, enough, to**

解説 (1)〈so … that — can't ~〉→〈too …
for — to ~〉
(2)〈so … that — (can) ~〉→〈… enough for
— to ~〉

❹ (1) **where** (2) **to eat** (3) **when**
(4) **how**

解説 (1)「どこにコートを置いたらよいか」
(2)「北海道で何を食べたらよいか」
(3)「いつ新しい携帯電話を買ったらよいか」
(4)「餃子の作り方」

❺ (1) **him, to, come** (2) **me, to, study**
(3) **her, to, play**

解説 (1)〈want＋人＋to ~〉の文。
(2)〈tell＋人＋to ~〉の文。
(3)〈ask＋人＋to ~〉の文。

❻ (1) **let me use this computer**
(2) **made me wait for**
(3) **helped Yuri do her homework**

解説 (1)〈let＋人＋動詞の原形〉の文。
(2)〈make＋人＋動詞の原形〉の文。
(3)〈help＋人＋動詞の原形〉の文。

❼ (1) **It is difficult for me to**
(2) **didn't know when to come**
(3) **asked Saki to go shopping with**
(4) **was surprised to see me**

6章 間接疑問

1 間接疑問の形と働き　CHECK 034

(1) she is　(2) he wants

2 いろいろな間接疑問　CHECK 035

(1) know when she will come
(2) tell me what you want

定期テスト対策問題

❶ (1) where　(2) when　(3) who
(4) what　(5) how

(解説) (1)「どこに」= where
(2)「いつ」= when
(3)「だれ」= who
(4)「何を」= what
(5)「どうやって」= how

❷ (1)私はこれが何か知りません。
(2)私は彼がどのようにそのお金を手に入れたのか知っています。
(3)だれがこの本を書いたのか私に教えてください。

(解説) いずれも間接疑問のある文。
(3)間接疑問の部分は，疑問詞 who が主語なので，語順はふつうの文と同じになっている。

❸ (1) whose dog this is
(2) how many computers he has
(3) why he sold his house

(解説) (1) whose dog は切り離さず，そのあとを〈主語＋動詞〉の語順にする。

(2) how many computers は切り離さず，そのあとを〈主語＋動詞〉の語順にする。動詞 have は has になることに注意。
(3)疑問詞 why のあとを〈主語＋動詞〉の語順にする。動詞 sell は過去形 sold になることに注意。

❹ (1) how, old　(2) where, he, lives
(3) when, were, born

(解説) (1)「彼女の年齢」→「彼女は何歳か」
(2)「彼の住所」→「彼がどこに住んでいるか」
(3)「あなたの誕生日」→「あなたがいつ生まれたか」

❺ (1) Do you know how long he will stay
(2) Can you guess how much this bag was
(3) don't know which book I should buy
(4) don't know when he will call me
(5) Do you know what day it is

(解説) (1)「どのくらいの間」は how long で，そのあとに〈主語＋動詞〉と続ける。
(2)値段をたずねる「いくら」は how much で，そのあとに〈主語＋動詞〉と続ける。
(3)「どちらの本」は which book で，そのあとに〈主語＋（助）動詞〉と続ける。
(5)「何曜日ですか。」は What day is it? で，これを間接疑問にする。

❻ (1) I know when he will leave Japan.
(2) Please tell me who that teacher is.

(解説) (1)「私は～を知っています。」なので I know で始め，そのあとに間接疑問を続ける。「いつ日本を去るのか」は未来の内容なので will を使う。
(2)「私に教えてください。」なので Please tell me で始め，そのあとに間接疑問を続ける。

7章 that や疑問詞で始まる節

1 〈動詞＋that ～〉の文　　CHECK 036

(1) **know**　(2) **believe**

2 〈動詞＋人＋that ～〉の文　　CHECK 037

(1) **me**　(2) **man**

3 〈be 動詞＋形容詞＋that ～〉の文　　CHECK 038

(1) **sorry**　(2) **sure**

4 〈動詞＋疑問詞～〉の文　　CHECK 039

(1) **you know where Kana lives**
(2) **wonder why Tom wasn't at home**

5 〈動詞＋人＋疑問詞～〉の文　　CHECK 040

(1) **tell me when you will**
(2) **asked me why I looked happy**

定期テスト対策問題

❶ (1)**イ**　(2)**イ**　(3)**ア**　(4)**ア**　(5)**ウ**

(解説) (2)〈tell＋人＋that ～〉「（人）に（that 以下のこと）を伝える」の文。
(3) what you say という間接疑問の形を作る。
(4) be sorry that ～「～で残念だ」の文。
(5) why 以下が間接疑問。〈疑問詞（why）＋主語（Kate）＋動詞（was）〉の語順。

❷ (1)**know, that**　(2)**believe, she**
(3)**said, that**　(4)**heard, that**
(5)**hope, is**　(6)**don't, think**

(解説) (2)(5)接続詞 that が省略された文。
(6)英語は否定の not を文の前半に置く傾向があるので、「～ではないと思う」は I think that ... not ～ ではなく、I don't think ～ の形になる。

❸ (1) **I want to know what he wants.**
(2) **Can [Will, Could, Would] you tell me how I can buy the ticket?**

(解説) (1)「彼が何をほしがっているか」を間接疑問〈疑問詞＋主語＋動詞〉の形にする。
(2)「そのチケットをどうやって買えるか」を間接疑問〈疑問詞＋主語＋（助）動詞〉の形にする。

❹ (1) **tell her that you bought**
(2) **tell me that your sister would get married**
(3) **tell you that he could speak**

(解説) いずれも〈tell＋人＋that ～〉「（人）に（that 以下のこと）を伝える」の文。
(2)「結婚する」は「教えてくれなかった」時点では未来の内容なので、will の過去形 would が入る。

❺ (1) **was surprised that the team won**
(2) **I'm afraid that she won't come**

(解説) (1)「～して驚く」は be surprised that ～。
(2)「残念ながら～」は be afraid that ～。

❻ (1)① **hear**　② **said**　③ **think**
④ **sure**
(2)私は、きっと彼女は私たちに何か買ってくれるだろうと思います。

(解説) (1)①②③は〈動詞＋that ～〉の文、④は〈be 動詞＋形容詞＋that ～〉の文。
【全訳】スーザン：スミス先生は日本へ旅行していると聞いているわ。テッド：先生はよく、いつか日本を訪れるつもりだと言っていたね。今頃は京都に滞在していると思うよ。それにきっとぼくたちに何か買ってきてくれるよ。スーザン：それは楽しみね。

8章 分詞

1 現在分詞と過去分詞　CHECK 041

(1) broken　(2) running

2 名詞を修飾する現在分詞　CHECK 042

(1) girl　(2) that

3 名詞を修飾する過去分詞　CHECK 043

(1) table　(2) eat

定期テスト対策問題

1 (1) playing　(2) broken　(3) looking

(解説) (1)「弾いている」なので現在分詞に。
(2)「割られた」なので過去分詞に。
(3)「見ている」なので現在分詞に。

2 (1) boiled
(2) sleeping on the tree
(3) playing the guitar in the music room

(解説) (1)分詞1語で後ろの名詞を修飾する形。
(3) playing から is の直前までが前の名詞を修飾していて、ここまでが文の主語になっている。

3 (1)エ　(2)エ　(3)ウ　(4)ウ

(解説) (1) built two hundred years ago が前の名詞 castle を修飾する形になる。
(2) sitting on the bench が前の名詞 girl を修飾する形になる。
(3)(4)いずれもが後ろの名詞を修飾。

4 (1)この店で売られているすべての商品は100円です。
(2)ドアのところに立っている男の子はだれですか。
(3)あの踊っている女の子は私の姉[妹]です。

(解説) (1) sold in this shop が前の名詞 goods を修飾していて、ここまでが文の主語。
(2) standing at the door が前の名詞 boy を修飾。
(3) dancing が後ろの名詞 girl を修飾。

5 (1) talking, to　(2) painted, by, is
(3) playing, are　(4) broken, by

(解説) (4)「あなたの兄[弟]によって割られた」と受け身の形で前の window を修飾する形になる。

6 (1) I know the boy reading in the park
(2) I got a letter written in English
(3) My brother bought a used car

(解説) (1)「公園で本を読んでいる」が「その少年」を修飾する形を作る。
(2)「英語で書かれた」が「手紙」を修飾する形を作る。
(3)「中古車」は「使われた車」と考える。

7 (1) The languages spoken in Canada are English and French.
(2) The cake made by Kate was delicious [good, tasty].
(3) The girl looking out of the window is Lisa.

(解説) (1)「カナダで話されている」が「言語」を修飾する形を作る。
(2)「ケイトによって作られた」が「そのケーキ」を修飾する形を作る。
(3)「窓の外を見ている」が「その少女」を修飾する形を作る。

⑨章 関係代名詞

1 関係代名詞の働き
CHECK 044

(1)私はフランス語を上手に話す男性を知っています。
(2)これは私が昨日撮った写真です。

2 主格の関係代名詞 who
CHECK 045

(1)あちらは5つの言語を話す男の子です。
(2)私たちに英語を教えている先生は斉藤先生です。

3 主格の関係代名詞 which, that
CHECK 046

(1) that　(2) that

4 目的格の関係代名詞 which, that
CHECK 047

(1) which　(2) that

5 関係代名詞の見分け方と省略
CHECK 048

(1) the watch you lost
(2) The man who is talking with Mary

6 関係代名詞 that の特別な用法
CHECK 049

(1) the most famous singer that I have
(2) is the first girl that came

定期テスト対策問題

❶ (1) the watch which [that] you lost last week
(2) a movie which [that] makes me very happy
(3) a scientist who [that] studies about wild animals
(4) the man that [who, whom] Mary is talking with
(5) The man that [who, whom] you called this morning

(解説) 下線部は(1)(2)は人以外、(3)(4)(5)は人。また、(1)(4)(5)は目的格、(2)(3)は主格の関係代名詞。

❷ (1)この手紙を書いた男の子はケンです。
(2)私はこの機械を使った生徒を知っています。
(3)彼女は毎日私たちに数学を教えてくれる先生です。
(4)私たちはこの窓を割った男の子を探しています。

❸ (1) which [that], makes
(2) which [that], sells
(3) which [that], was, painted

❹ (1) which [that] I clean every day
(2) which [that] my brother made
(3) which [that] I saw last Sunday
(4) which [that] I have visited many times

❺ (1) The woman you talked with just now
(2) use the pen my father gave me
(3) the student I studied with in America
(4) The subject I like is
(5) the dog that are running there
(6) the most famous picture that I have

(解説) (1)～(4)は関係代名詞が省略された文。〈名詞＋主語＋動詞～〉の形を作る。

10章 仮定法

1 仮定法とは
CHECK 050

(1)もし私が十分なお金を持っていれば，新しいスマートフォンを買うのに。
(2)もし私が東京に住んでいたら，この美しい砂浜は見られないでしょう。

2 仮定法の意味と形
CHECK 051

(1) could　(2) were

3 仮定法を使ったいろいろな表現
CHECK 052

(1) wish　(2) were

定期テスト対策問題

❶ (1) were, could　(2) had, would
(3) could, might　(4) would, got

(解説) 現在の事実と異なることを仮定する仮定法の文では，〈If＋主語＋動詞の過去形～，主語＋助動詞の過去形＋動詞の原形 ...〉の形になる。
(3)「もし～」の部分にも「できる」の意味があるので，If で始まる節でも助動詞の過去形 could を使う。

❷ (1) had, could　(2) had, could
(3) were, would　(4) weren't, would

(解説) 事実の文と仮定法の文では，肯定と否定が逆転することに注意。
(1)「もし私がコンピューターを持っていれば，あなたに E メールを送れるのに。」
(2)「もし私がチケットを持っていれば，スタジアムに入れるのに。」

(3)「もし今日が月曜日なら，彼は会社に来るだろうに。」
(4)「もし私が忙しくなければ，今日あなたといっしょにテニスをするのに。」

❸ (1)もし彼女があなたのお母さんなら，あなたはどう感じるでしょうか。
(2)もし私がドラえもんなら，役に立つ道具で友だちを助けるだろうに。
(3)もし私が新しいスマートフォンを持っていれば，オンライン授業を楽しむことができるのに。

(解説) (1) if で始まる節が後半にある文。if から後ろを先に日本語にする。

❹ (1) were here, he would help you
(2) had a little more money, I would buy
(3) could speak English, I could talk with people
(4) were a smart student, he would understand
(5) were given good advice, they might solve

(解説) (3)「もし～できれば」とあるので，If で始まる節でも助動詞の過去形 could を使う。

❺ (1) wish, were
(2) wishes, could, speak
(3) as, if, were

(解説) wish や as if の後ろは仮定法になるので，動詞の時制に注意。

❻ (1)私がその自転車を買う十分なお金を持っていればいいのに。
(2)彼女はまるで幽霊が見えるかのように話します。

(解説) 仮定法の文は，現実とは異なる内容だと分かるような日本語にする。

11章 接続詞

1 and, or, but, so　CHECK 053
(1) and　(2) but

2 〈命令文，＋and [or] ～.〉の文　CHECK 054
(1) and　(2) or

3 and, or, but を使った重要表現　CHECK 055
(1) both　(2) but

4 時を表す接続詞　CHECK 056
(1) when　(2) before

5 理由・条件などを表す接続詞　CHECK 057
(1) because　(2) is

6 接続詞 that　CHECK 058
(1) think　(2) hungry

定期テスト対策問題

1 (1) and　(2) or　(3) but　(4) so

2 (1) or　すぐに朝食を食べなさい。そうしないと学校に遅刻しますよ。
(2) and　速く走りなさい。そうすれば時間に間に合って到着できますよ。
(3) or　とても一生けんめい英語を勉強しなさい。そうしないとテストに合格できませんよ。

(解説) 前後の意味のつながりを考える。命令文のあとが「そうすれば」なら and，「そうしないと」なら or でつなぐ。

3 (1) only, also　(2) Both, are
(3) Either, has　(4) between, and
(5) not, but　(6) neither, nor

(解説) (1)「A だけでなく B も」は not only A but (also) B。
(2)「A も B も両方とも」は both A and B。
(3)「A か B かどちらか」は either A or B。これが主語の場合，動詞の形は B に合わせる。
(4)「A と B の間に」は between A and B。
(5)「A ではなくて B」は not A but B。

4 (1)子どものころ，私はピアノを弾くことが好きでした。
(2)私の父がシャワーを浴びている間，私はテレビゲームをしていました。
(3)あなたは暗くなる前に帰宅しなければなりません。
(4)あなたは自分の仕事を終えたあとに帰宅してもよい。
(5)彼は中学生のころからずっとこのサッカーチームに入っています。
(6)私は彼女が戻ってくるまで彼女を待ちます。
(7)彼はひどいかぜをひいていたので家にいました。
(8)もし明日あまりに暑いなら，私たちは野球をしません。

(解説) 下線部の接続詞から後ろを先に日本語にすることに注意。
(1) when「～するとき」　(2) while「～する間」
(3) before「～する前に」　(4) after「～したあとに」
(5) since「～してから」　(6) until「～するまで」
(7) because「～なので」　(8) if「もし～ならば」

5 (1) that she is a very kind woman
(2) so tired that he could not run

(解説) (2)「とても…なので～」は so ... that ～。

12章 前置詞

1 前置詞の働き　CHECK 059

(1)イ　(2)ア

2 時を表す前置詞　CHECK 060

(1) on　(2) until

3 場所や方向を表す前置詞　CHECK 061

(1) at　(2) for

4 その他の前置詞　CHECK 062

(1) by　(2) about, with

5 前置詞の働きをする語句　CHECK 063

(1) of　(2) of

6 前置詞を用いた重要表現　CHECK 064

(1) from　(2) at

定期テスト対策問題

❶ (1)木の下に大きな犬がいます。
(2)私はきれいなドレスを着た数人の若い日本人女性たちと話をしました。
(3)この寺はその石庭で有名です。

解説 (2)この in は着用を表し,「～を着て」という意味。
(3)「～で有名である」は be famous for ～。

❷ (1)ア　(2)エ　(3)カ　(4)オ　(5)イ　(6)ウ

解説 (1)「私たちは毎朝7時に朝食を食べます。」

(2)「グリーンさんは2000年からずっと日本に住んでいます。」
(3)「メアリーはよく日曜日に教会に行きます。」
(4)「私は8時から9時まで英語を勉強しました。」
till は「～まで（ずっと）」という継続を表す。
(5)「私たちは2週間日本に滞在する予定です。」
(6)「私は10時までに帰宅しなければなりません。」
by は「～までに（は）」という期限を表す。

❸ (1) on　(2) between　(3) along

解説 (1)「机の上にネコがいます。」
(2)「男の子が2人の女の子の間に立っています。」
(3)「私たちはよく川沿いを走って楽しみます。」

❹ (1) by　(2) of　(3) from　(4) to　(5) with

解説 (1)交通手段は by ～ で表す。
(2)(3)「～でできている」は,製品の材料が見てすぐわかるものは be made of ～,わからないものは be made from ～ を使って表す。
(5) make friends with ～ で「～と親しくなる」。

❺ (1) Thanks, to　(2) out, of
(3) instead, of　(4) in, front, of
(5) because, of

解説 いずれも2語以上で1語の前置詞と同じような働きをする語句。
(1)「～のおかげで」は thanks to ～。
(2)「～から（外へ）」は out of ～。
(3)「～の代わりに」は instead of ～。
(4)「～の前に」は in front of ～。
(5)「～のために」は because of ～。

❻ (1) on　(2) of　(3) at　(4) from　(5) in

解説 (1)「～に乗る」は get on ～。
(2)「～の世話をする」は take care of ～。
(3)「～が得意だ」は be good at ～。
(4)「～とはちがう」は be different from ～。
(5)「～に興味がある」は be interested in ～。

13章 その他の重要表現

1 付加疑問　CHECK 065

(1) didn't　(2) can

2 感嘆文　CHECK 066

(1) How　(2) What

3 否定表現　CHECK 067

(1) no　(2) Few

 定期テスト対策問題

① (1) aren't　(2) didn't　(3) could
(4) will　(5) has　(6) shall

(解説) 付加疑問は，肯定文には否定の形を，否定文では肯定の形を用いる。
(4)命令文の付加疑問は，～, will you? の形。
(6) Let's ～. の付加疑問は，～, shall we? の形。

② (1)あなたは学生ではありませんよね。
　　— いいえ，学生です。
(2)彼女はトモコではありませんよね。
　　— はい，トモコではありません。
(3)私たちはパーティーに出席できませんよね。
　　— いいえ，できます。
(4)あなたはカナダに行きませんよね。
　　— いいえ，行きます。

(解説) 否定文に付加疑問がついた文に対して答える文では，Yes は日本語では「いいえ」と言い，No は「はい」と言うことになる。

③ (1) What　(2) How　(3) What
(4) How　(5) How

(解説) 感嘆文は，〈What ＋（a [an] ＋）形容詞＋名詞（＋主語＋動詞）!〉または〈How ＋形容詞［副詞］（＋主語＋動詞）!〉の形。What には名詞のカタマリが続くことに注意。

④ (1) What a difficult question this is
(2) How slowly she walks
(3) What a lot of bags you have
(4) How high Akira can jump
(5) What a hot day

(解説) 感嘆文では文末の〈主語＋動詞〉は省略されることが多いが，(1)～(4)は〈主語＋動詞〉を省略していない表現。

⑤ (1) no　(2) few　(3) little
(4) a little　(5) None

(解説) (1)「彼には姉妹が1人もいません。」
(2)「私は公園でほとんど子どもたちを見ませんでした。」数えられる名詞につくのは few。
(3)「びんの中に水はほとんどありませんでした。」数えられない名詞につくのは little。
(4)「彼は少し英語を話すことができます。」
(5)「彼らはだれも彼の名前を知りませんでした。」

⑥ (1)私は決してうそをつきません。
(2)すべての生徒が学校に歩いてくるわけではありません。
(3)私の兄［弟］はまんが本を1冊も持っていません。

(解説) (1) never は「決して～ない」という強い否定を表す。
(2) not all は「すべて～わけではない」という部分否定を表す。
(3) not ... any ～ は no ～ と同じ意味で，「少しも～ない」という意味を表す。

14章 会話表現

定期テスト対策問題

❶ (1) **Let** (2) **try** (3) **stranger**
(4) **there, questions**

(解説) (1) let は「～させる (許可する)」という意味の動詞で,〈let＋人＋動詞の原形〉の形で使われる。
(2) try ～ on で「～を試着する」という意味。try on ～ でも同じ意味だが,〈～〉に this や it などの代名詞が入る場合は,必ず try ～ on の語順になるので注意。
(3) stranger は「なじみがない人」という意味の名詞。形容詞の strange には「なじみがない」のほかに「奇妙な」という意味があるが,名詞の stranger には「奇妙な人」という意味はない。
(4) There is[are] ～. の疑問文の形。文頭の be動詞が Are なので,「質問」は questions と複数形にすることに注意。

❷ (1)① **help** ② **about**
(2)③ **Do you have a smaller size?**
④ **How much is it?**
(3)それをください。[それを買います。]

(解説) 店員：いらっしゃいませ (お手伝いしましょうか)。リナ：ええ,お願いします。①コートを探しているんです。店員：②こちらはいかがですか。リナ：まあ,私のお気に入りの色です。でも,私には大きすぎますね。③もっと小さいサイズはありますか。店員：ええ,もちろんです。少々お待ちください。はい,こちらです。リナ：すてき！気に入りました。④いくらですか。店員：1万円です。リナ：わかりました。⑤それをください。

店員：どうもありがとうございます。
(1)①客が来たときの店員の第一声の決まり文句。日本語の「いらっしゃいませ。」に相当するが,「お手伝いしましょうか。」というニュアンスに近いので,客は Yes, please.「はい,お願いします。」と答えている。
②「～はいかがですか。」と相手に提案するときは,How about ～? と言う。
(2)③ size は「サイズ,大きさ」という意味。
④「いくら」と値段をたずねるときは,How much ～? とたずねる。
(3)次で店員がお礼を言っていることから,買うことに決めたとわかる。これは決まり文句で,ふつう buy (買う) ではなく take を使う。

❸ (1)**イ** (2)**イ** (3)**ウ**

(解説) (1)イが「案内します。」という表現。show がここでは「案内する」という意味。
(2)イが「恐れ入りますが,番号をお間違えのようです。」という表現。wrong は「間違った」という意味の形容詞。反対語は right「正しい」。
(3)ウが「あなたの考えには反対です。」という表現。disagree は「反対する」という意味。反対語は agree「賛成する」。イ の for は「～に賛成して」という意味で使われている。

❹ (1)**イ** (2)**ウ** (3)**ア** (4)**イ**

(解説) (1)イ は「伝言をお願いできますか。」と頼む表現。
(2)ウは「別の色がほしいですか。」という意味。
(3)アは「駅へどうやって行くか教えましょうか。」という表現。
(4)アとウはいずれも「どういたしまして。」というときの表現。イは「すみません。」と話しかけるときによく使われる表現。

入試問題にチャレンジ

1

❶ (1)① ウ　② イ　(2) ウオエアイ　(3) held
(4) 例 His songs are loved by many people.

解説 (1)① A：あなたたちは宿題で何をしましたか。

B：私たちは英語で環境について何かを書くように言われました。

〈tell＋人＋to〜〉の「人」が主語になって受け身形の形をとっている文。

② 「あなたが昨日買った食べ物は 1 週間のうちに食べられるべきです。」という文。〈助動詞 should＋be 動詞＋過去分詞〉の形。

(2) When のあとに受け身形の疑問文〈be 動詞＋主語＋過去分詞〜?〉が続く。「この古い橋はいつ建てられましたか。」という文になる。

(3) 「私はこのお祭りが催されるときだけ着物を着ます。」という文。受け身形で表すので，hold は過去分詞形 held にする。

(4) 「〜によって愛されている」という受け身形の文で表す。

❷ (1)① イオアウエ
　② オウイエア
(2) イエカウオア
(3) イ
(4) How long have you been watching TV?

解説 (1)① A：あなたはもう自分の部屋をそうじしましたか。

B：いいえ。すぐに終わらせます。

現在完了形（完了用法）の疑問文〈Have＋主語

＋過去分詞〜 yet?〉の語順。

② How long のあとに現在完了の疑問文〈have＋主語＋過去分詞〜?〉を続けると，継続の期間をたずねる文になる。

A：あなたはテニスが上手ですね。どれくらいの間それを練習しているのですか。

B：5 年間です。

(2) 「…からずっと〜しています」は現在完了（継続用法）で表す。〈have＋過去分詞＋since …〉の語順。since のあとは〈主語＋動詞〜〉の形が続く。

(3) 「彼は 1 時間走り続けています。」という文になるので，現在完了進行形〈have been＋動詞の ing 形〉で表す。

(4) 「どのくらい前から」は how long でたずねる疑問文にする。あとには現在完了進行形の疑問文の語順〈have＋主語＋been＋動詞の ing 形〜?〉が続く。

❸ (1)① they made us happy
　② エアオイウ
　③ bought me a cat the
(2) エ
(3) It gives us a lot of experience.

解説 (1)① 〈make＋人＋形容詞〉で「人を〜（状態）にする」という意味を表す。「その弁当はとてもおいしくて，それらは私たちを幸せにしました。」という文。

② 〈give＋人＋もの〉で「人にものをあげる」という意味を表す。before は接続詞で，あとに〈主語＋動詞〜〉が続いて「〜する前に」という意味で使われる。

(2) 「あなたの今日の講義は私たち全員を勇気づけたと思います。」という文。

(3) 「人にものを与える」は〈give＋人＋もの〉の形で表すことができる。「経験」は experience。

❹ (1) ア
(2)① オウアイエ
　② ウカエアイオ

(3)**イ**

解説 (1)〈decide to＋動詞の原形〉で「～することを決める」という意味。
(2)①〈ask＋人＋to＋動詞の原形〉で「人に～するように頼む」という文になる。
②〈too ... to～〉で「～するには…すぎる」という意味を表す。
(3)A：すみません。博物館へはどうやって行くか私に教えていただけますか。
B：はい。この通りを進んで病院のところで左に曲がってください。あなたの右手にそれは見えます。

②

❶ (1) **which train I should**
　(2)① **エ**　② **イ**
　(3) **how the weather will be**

解説 (1)Please tell me のあとには間接疑問が続く。間接疑問なので，**which train** のあとは〈主語＋(助)動詞～〉の平叙文の語順となる。
(2)① A：どうしましたか，スミス先生。
B：ええ，私の教室で弁当箱を見つけました。これはだれの弁当箱かわかりますか。
A：それはトムのものです。
B：ああ，ありがとう。
② A：何かお手伝いできますか。
B：はい。私は動物についての本を読みたいのですが，それらがどこにあるのかわかりません。
A：2階です。そこへ連れて行きましょう。
(3)B が「晴れて暖かくなるでしょう。」と言っているので，天気をたずねていると考える。**know** のあとなので，間接疑問の形にする。

❷ (1)**ウ**　(2)**ウ エ ア**
　(3)① **sitting under the tree is**
　　② **エ カ ア ウ イ オ**　③ **イ オ ウ ア エ**
　(4)① **sitting**　② **taken**
　(5)**エ**

解説 (1)「～された手紙」は a letter のあとに〈過去分詞＋語句〉を続けて表す。
(2)「彼女は私にフランスで作られたおもちゃをくれました。」という文。〈give＋人＋もの〉の「もの」のあとに後ろから修飾する〈過去分詞＋語句〉が続いている。
(3)①「木の下に座っている女の子は私の姉[妹]です。」という文。名詞のあとに後ろから修飾する〈現在分詞＋語句〉が続いている形。
② A：あなたはインターネットで何を見つけようとしているのですか。
B：私は世界で使われている言語の数を見つけようとしています。
③名詞を修飾する過去分詞のあとに行為者を表す by ～ が続く形。
A：あなたのお姉さん[妹さん]によって作られた夕食はおいしかったです。
B：彼女はそれを聞いてよろこぶでしょう。
(4)①「いすに座っている女の人」という意味にするので，現在分詞にする。
②「私の兄によって撮られた写真」という意味にするので，過去分詞にする。
(5)vegetables「野菜」を修飾するので，「育てられた」という意味の過去分詞。

❸ (1)① **tell you about the things we learn（または，tell you the things we learn about）**
　　② **a girl who plays**
　(2)① **I haven't met the student who came**
　　② **which she wrote last year is**
　　③ **who told us her memories**

解説 (1)①「こと」を「私たちがそこで学ぶ」が後ろから修飾する形にする。語群には関係代名詞がないので，〈名詞＋主語＋動詞～〉の語順になる。
②「女の子」を「バレーボールがとても上手な」が後ろから説明する形にする。

(2)① A：私はまだ日本から来た生徒に会っていま
せん。あなたは会いましたか。

B：はい。昨日廊下で彼女を見ました。彼女は英
語をとても上手に話していました。

② A：その作家は頭がよいと思います。

B：なぜそう思うのですか。

A：なぜなら彼女が昨年書いた本はすべての年代
の人々にとても人気があるからです。

③ A：あなたは修学旅行の間に平和について何を
学びましたか。

B：多くのことです。私は特に私たちに自分の記
憶について話してくれたお年寄りの女性を覚
えています。

1 (1)ウ　(2)エウオアイ
(3)①イエアウ
②イエウア

解説 (1)仮定法過去の文では，if のあとの文の
動詞は過去形にする。be 動詞の場合は主語が何
であってもふつう were にする。
(2)「～ならいいのに」は仮定法過去の表現 I
wish ～. で表す。I wish のあとに〈主語＋動詞
の過去形～〉を続ける。
(3)① A：あなたは京都の古い寺が好きですか。

B：はい。もしそこに住んでいたら，毎日写真を
撮りに寺へ行くことができるのに。

② A：あなたはあの女の子を知っていますか。彼
女は中国からの新入生です。

B：はい。彼女と話したいのですが，中国語がわ
かりません。中国語が話せればいいのに。

A：心配いりません。彼女は英語を話せるので，
あなたは英語で彼女と話すことができます。

2 (1)イ
(2)ウイアオエ

解説 (1)逆接を表す接続詞は but。
(2)〈so ～ that ...〉で「とても～なので…」という

文になる。「それはとてもわくわくするものだっ
たので，私は1日で(読み)終えてしまいまし
た。」

3 (1) from　(2)ア　(3)ア

解説 (2)「英語で」というときは前置詞 in を使う。

4 (1)① **Your mother can drive, can't
she?**
② **What a lucky boy he is!**

解説 (1)①「～ですよね」は付加疑問文で表す。
②「なんて～でしょう！」は感嘆文で表す。感嘆
文は〈What＋(a [an])＋形容詞＋名詞＋主語＋
動詞～!〉の語順。

5 (1) **See**
(2)①ア　②ア

解説 (2)① A：いらっしゃいませ。

B：はい，お願いします。私は兄 [弟] のための
誕生日プレゼントとしてシャツを探していま
す。

A：わかりました。彼はどんな色が好きですか。

B：ええと，彼は青が好きだと思います。

② A：ああ，あなたは大きな箱を運んでいますね。
大丈夫ですか。

B：いいえ。少し難しいです。私を手伝ってくれ
ますか。

A：もちろんです。

さくいん

☞ 青字の項目は，特に重要なものであることを示す。**太字**のページは，その項目の主な説明のあるページを示す。

日本語（アイウエオ順）

英語（アルファベット順）

さくいん ｜ INDEX

Y

編著者紹介

金谷　憲
かなたに・けん

東京学芸大学名誉教授。
東京大学大学院人文科学研究科修士課程，教育学研究科博士課程及び米国スタンフォード
大学博士課程を経て（単位取得退学），32年間，東京学芸大学で教鞭を執る。現在，フリー
の英語教育コンサルタントとして，学校，都道府県その他の機関に対してサポートを行っ
ている。専門は英語教育学。研究テーマは，中学生の句把握の経年変化，高校英語授業モ
デル開発など。全国英語教育学会会長，中教審の外国語専門部会委員などを歴任。1986年
より3年間NHK「テレビ英語会話I」講師，1994年から2年間NHKラジオ「基礎英語2」
監修者。著書に，『英語授業改善のための処方箋』（2002，大修館書店），『和訳先渡し授業
の試み』（2004，三省堂），『英語教育熱』（2008，研究社），『教科書だけで大学入試は突破
できる』（2009，大修館），『高校英語授業を変える！』（2011，アルク），『高校英語教科書
を2度使う！』（2012，アルク），『中学英語いつ卒業？』（2015，三省堂），『高校生は中学
英語を使いこなせているか？』（2017），『高校英語授業における文法指導を考える』（2020）
など。

□ 執筆者　梶ヶ谷朋恵　久保達郎　平山朝子
□ 編集協力　㈱カルチャー・プロ　㈱ダブルウイング　今居美月　鹿島由紀子　木村由香　松平香奈　内田眞理
　　　　　　小林眞理　小沢なつき
□ 英文校閲　ドルファス絵理香　Alyxandra Mazerov
□ アートディレクション　北田進吾
□ 本文デザイン　堀 由佳里　山田香織　畠中脩大　川邉美唯
□ イラスト　田渕正敏　小林孝文（AZZURRO）
□ 録音　高速録音㈱
□ ナレーション　Ananda Jacobs　Greg Dale

シグマベスト
くわしい 中3英語

編著者　金谷　憲
発行者　益井英郎
印刷所　中村印刷株式会社
発行所　株式会社文英堂
〒601-8121　京都市南区上鳥羽大物町28
〒162-0832　東京都新宿区岩戸町17
（代表）03-3269-4231